Can Science Explain Everything?

과학은 모든 것을 설명할 수 있을까?

KB208547

과학은 모든 것을 설명할 수 있을까?

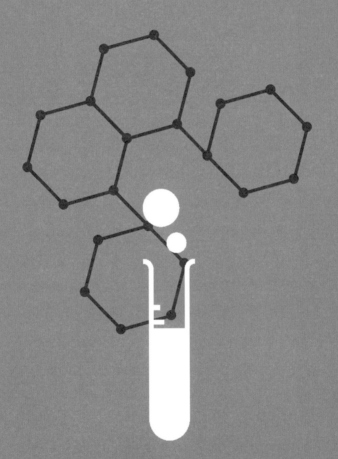

존 레녹스 지음 ― 홍병룡 옮김

Can Science Explain Everything?

아바서원

목차

머리말   7

서론: 우주 화학   9

1. 과학자가 하나님을 믿을 수 있을까?   15

2. 과학이 걸어온 길: 35
    뉴턴에서 스티븐 호킹까지

3. 호기심 해결사 I: 65
    종교는 믿음에 달려있지만 과학은 그렇지 않다

4. 호기심 해결사 II: 81
    과학은 이성에 달려있지만 기독교는 그렇지 않다

5. 과학이 발달한 세계에서
    성경을 진지하게 여길 수 있을까?   99

6. 기적: 지나친 상상인가?   113

7. 신약성경은 믿을 만한가?   125

8. 기독교를 반증하려면   133

9. 개인적인 차원   155

10. 실험실에 들어가서: 185
    기독교가 과연 진리인지 검증하다

우리 부부의 금혼식(2018년 9월 14일)을 맞이하여

이 책을 비롯한 많은 책을 집필할 수 있게 해준
샐리의 사랑과 지지와 한결같은 격려에
심심한 감사를 표시하며 아내에게 드립니다.

머리말

|

이 책을 쓰게 된 것은 이전의 책,『신을 죽이려는 사람들: 과학은 신을 매장했는가?』보다 더 쉽게 읽을 수 있는 '과학과 하나님 논쟁'의 입문서를 써 달라는 많은 젊은이와 어른들의 요청에 반응하기 위해서다. 그와 더불어, 다수가 하나님의 존재에 대한 증거에 국한시키지 말고 기독교와 과학의 관계를 좀 더 구체적으로 다뤄달라고 부탁했다. 이 책이 그들의 부탁에 어느 정도는 부응하는 것이기를 바라는 마음이다.

2018년 4월, 옥스퍼드에서

존 레녹스

인터넷에서 과학과 종교의 주제에 대해 탐색해보라. 몇 번만 클릭해도 당신이 전쟁 지대에 들어갔다는 사실을 알게 되리라.

과학에서 생각할 만한 거의 모든 주제 – 생명윤리와 심리학에서 지질학과 우주론에 이르기까지 – 에 관한 코멘트가, 설사 UN이 휴전을 선언할지라도 협상 테이블에서는 절대로 만나지 않을 양측에서 내뱉은 적대적인 교환과 욕설로 가득함을 보게 될 것이다.

우리가 편의상 '과학 측'이라 불러도 괜찮은 진영이 있다. 그들은 스스로 이성의 목소리로 자처한다. 그들은 우리가 원시적 흑암에서 기어 나온 이래 인류를 예속시켰던 무지와 미신의 조류를 역류시키기 위해 일하고 있다고 믿는다. 그들의 입장을 이렇게 요약할 수 있다.

과학은 우주에 관한 많은 의문들에 해답을 제공하고 인간 문제의 다수를 – 전부는 아니라도 질병과 에너지와 오염과 가난 등 – 해결해줄, 인간 발전을 위한 멈출 수 없는 힘이다. 장차 언젠가는 과학이 모든 것을 설명하고 우리의 모든 필요에 부응할 수 있을 것이다.

그들은 또한 장차 언젠가는 과학이 적어도 인생의 큰 의문들 몇 개에는 해답을 줄 것으로 생각하고 있는 듯하다. 우리는 어디서 오는가? 우리는 왜 여기에 있는가? 우리 존재의 의미는 무엇인가? 등.

다른 극단에는 우리가 편의상 '하나님 측'이라 불러도 좋은 진영이 있다. 그들은 신의 지능이 존재하는 모든 것과 우리의 모든 면 배후에 있다고 믿는다. 그들은 과학자들이 제기하는 큰 질문들에 대한 해답을 전혀 다른 곳에서 찾고 있고 심지어는 찾았다고 주장한다. 그들은 너무도 복잡하고 경이로운 우주와 깜짝 놀랄 만큼 풍부하고 다채로운 지구를 바라보고, 이처럼 아름답고 놀라운 세계 배후에 훌륭한 지성이 존재하는 것이 자명하다고 생각한다. 그리고 만물을 이런 방식으로 보지 않는 사람들이 있을 수 있다는 사실에 오히려 놀란다.

때때로 그 결과는 싸움과 욕설이 난무하는 난폭한 조우이다. 그러므로 많은 사람이 하나님과 과학은 어울리지 않는다고 결론짓는 것은 놀랄 일이 아니다. 마치 금속 나트륨이나 칼륨을 물에 떨어뜨리면 많은 거품과 불과 열이 일다가 쾅 소리로 끝나는 것과 같다고 본다.

그런데 이 주제를 고찰하는 또 다른 방식이 있다면 어떨까? 우리가 잘못된 정보와 그릇된 사유에 기초해 무의미한 전쟁에 바보처럼 끌려들었다면? 이는 처음이 아닐 수도 있다. 만일 폭발로 끝나는 우주 화학(cosmic chemistry)과는 다른 종류의 화학이 있다면?

나의 출신 배경

지리적으로 나는 '하나님 문제'에 관한 한 평판이 좋지 않은 북아일랜드 출신이다. 보통은 '개신교도'와 '가톨릭교도'

간의 싸움으로 알려진(물론 그보다 훨씬 더 복잡하지만), 분파와 문화의 분열로 찢긴 지방에서 자랐다. 그로 말미암아 흔히 '골칫거리'(the Troubles)로 알려진 잔인한 살해, 폭파와 테러리즘이 삼십 년이나 지속되었다.

그 모든 와중에 우리 부모는 놀라운 분들이었다. 그들은 물론 크리스천이었으나 분파주의자가 아니었다. 당시에는 견지하기 어려운 입장이었다. 아버지는 종교적 입장과 상관없이 온갖 사람을 가게에 고용함으로써 분파주의자가 아님을 보여주었다. 그 때문에 폭탄 세례를 받아 나의 형이 크게 다쳤다. 테러리즘이 대놓고 우리 집을 공격한 것이다.

나는 부모에게 빚진 것이 많지만 최대의 빚은 그들의 사랑에 힘입어 내가 스스로 생각할 공간을 얻었다는 것이다. 이는 편협함과 고착된 견해가 만연한 우리나라에서는 흔한 일이 아니다. 내가 1962년 가을 케임브리지 대학에 도착했을 때는 책을 폭넓게 읽고 기독교 이외의 세계관들에 대해서도 깊이 생각하라는 부모의 조언을 이미 받은 상태였던 것도 감사하다.

이후 나는 지난 이십 년 동안 이런 이슈들에 대해 대표적인 무신론자들과 공개 논쟁을 벌이는 특권을 누렸는데,

그 가운데 세계적 지도자는 아마 나처럼 옥스퍼드 대학교의 교수로 있는 리처드 도킨스일 것이다. 나는 내 세계관과 다른 세계관을 가진 사람들을 존경하는 태도로 대하고, 그들이 어떻게 그런 입장에 도달했는지 파악하고, 어째서 그들이 그 입장에 대해 그토록 열정적인지를 알기 위해 항상 노력해왔다.

어쩌면 당신은 과학이 모든 것을 충분히 설명할 수 있다고, 이 세계에는 더 이상 하나님이 설 자리가 없다고 생각할지 모르겠다. 또는 당신이 그냥 호기심을 품고 이 문제에 대해 어떤 관점을 갖고 싶을 수도 있다. 어느 경우이든 나는 당신이 이 서론을 즐겁게 읽고 이 문제에 과학적인 방식으로 접근하게 되기를 바란다. 말하자면 최종 결과에 대해 열려있고, 증거가 이끄는 곳으로 따라갈 준비가 되어 있기를 – 설사그 결과가 좀 불편하더라도 – 바란다는 뜻이다.

내 주장은 과학과 하나님이 어울리지 않는다는 생각은 옳지 않고, 이를 입증하는 일은 비교적 쉽다는 것이다. 나는 하나님에 대한 믿음뿐만 아니라 과학 자체에 대해서도 사람들이 품은 많은 오해를 조사하고 싶다. 그래서 과학과 종교 간의 갈등에 대한 대중적 관점보다 더 합리적이고, 더 현명하고, 더 건전한 관점이 있다는 것을 보여주길 원한다.

나는 다른 종류의 우주 화학이 가능하다는 것을 시사하고 싶다. 과학과 종교, 양자의 정신과 본질에 더 충실하고, 흔히 볼 수 있는 진부한 논쟁보다 더 생산적인 양자 간의 상호작용이 존재한다는 것이다.

수소와 산소 역시 칼륨과 물처럼 폭발적인 혼합을 구성하지만 그 결과는 천지차이다. 바로 생명을 주는 신선한 물이다.

과학자가 하나님을 믿을 수 있을까?

1장

"오늘날에는 당신이 과학자이면서 하나님을 믿는 것이 확실히 불가능하죠?"

지난 수십 년 동안 많은 사람이 내게 표명했던 관점이다. 그러나 다수가 과학과 하나님 양자에 대해 진지한 사상가들과 진지하게 씨름하지 못하게 막는 것은 무언의 의심이라고 생각한다.

이에 대한 응답으로 매우 과학적인 질문을 던지는 것을 나는 좋아한다. "왜 그렇죠?"

이런 대답이 돌아온다. "글쎄요, 과학은 우리에게 우주에 관한 그토록 놀라운 설명을 제공했고 하나님이 필요 없다는 것을 증명하잖아요. 하나님에 대한 믿음은 구식이지요. 그런 믿음은 사람들이 우주를 제대로 이해하지 못해 궁색한 답변으로 '하나님이 하셨어'하고 말했던 시대에 속하지요. 그런 '간격의 하나님'[1](God of the gaps) 사고방식은 더 이상 통하지 않지요. 그래서 하나님과 종교를 제거하는 게 빠르면 빠를수록 더 나을 겁니다."

나는 속으로 한숨을 지으며 긴 대화에 진입할 준비를 갖추고, 그동안 우리가 몸담은 문화적 분위기에서 무비판적으로 흡입한 많은 가정(假定), 오해, 반쪽 진리 등을 다루려고 노력한다.

흔한 관점

이 관점은 너무 흔해서 - 대다수는 아니라도 - 다수가 자동으로 선택하는 입장이 된 것은 놀랄 일이 아니다. 그

---

1. 현대의 과학 기술로 설명할 수 없는 부분에 신이 존재한다는 생각. 과학이 충분히 설명하지 못하는 부분을 신이 할 것이라는 주장을 비판적으로 보는 표현. (역자 주)

리고 몇몇 강력한 목소리가 이 관점을 지지한다. 예컨대, 노벨물리학상을 받은 스티븐 와인버그(Stephen Weinberg)는 이렇게 말했다.

세계는 오랜 종교의 악몽에서 깨어날 필요가 있다. 종교의 장악력을 약화시키기 위해 우리 과학자들이 할 수 있는 일은 무엇이든 해야 하고, 이는 문명에 대한 최대의 기여일 수도 있다.[2]

이 진술에 담긴 전체주의적인 요소를 놓치지 말라. "우리 과학자들이 할 수 있는 일은 무엇이든…"

이런 태도는 새로운 게 아니다. 나는 오십 년 전 케임브리지 대학교에서 공부하는 동안 그 태도를 처음 접했다. 어느 날 공식적인 대학 만찬 석상에서 어쩌다 또 다른 노벨상 수상자의 곁에 앉게 되었다. 나는 이전에 그토록 저명한 과학자를 만난 적이 없었고, 그와의 대화로부터 많은 것을 얻기 위해 몇 가지 질문을 하려고 애썼다. 이를테면, 그의 과학이 어떻게 그의 세계관 – 우주의 상태와 의미에 대한 큰 그림 – 을 형성했는지? 특히, 그의 폭넓은 연구가 과연 하나

---

2. *New Scientist*, Issue 2578, 18 November 2006.

님의 존재에 대한 성찰로 이끌었는지 여부에 나는 관심이 있었다.

그 과학자가 내 질문을 받고 불편한 기색을 보여서 나는 즉시 뒤로 물러났다. 하지만 식사가 끝날 즈음 그는 나를 그의 서재로 초대했다. 나와 더불어 두세 명의 고참 학자들도 초대했는데, 학생은 나밖에 없었다. 나는 앉으라는 권유를 받았으나, 내가 기억하는 한 그들은 계속 서 있었다.

그는 "레녹스, 자네는 과학 분야에서 경력을 쌓고 싶은가?" 하고 물었다.

"그렇습니다, 교수님" 하고 내가 대답했다.

"그렇다면 오늘 밤 증인들 앞에서 자네는 하나님에 대한 유치한 신앙을 포기해야 하네. 그렇게 하지 않으면 그 신앙이 자네를 지적 장애자로 만들 테고, 자네는 동료들에 비해 뒤처질 걸세. 한 마디로 자네는 성공하지 못할 걸세."

얼마나 큰 압박감을 느꼈던가! 나는 이전에 그런 것을 경험한 적이 없었다.

나는 뜻밖에 뻔뻔스런 맹공격에 충격을 받아 온 몸이 마비된 채 앉아 있었다. 정말로 무슨 말을 할지 몰랐으나 마침내 겨우 입을 열었다. "교수님, 제가 이미 가진 것보다 더 나은 것을 교수님이 제공한다면 무엇을 제공하겠습니까?" 그는 나에게 프랑스 철학자 앙리 베르그송이 1907년에 내놓은 '창조적 진화'의 개념을 제공했다.

사실 C. S. 루이스 덕분에 나는 베르그송에 관해 조금 알고 있어서 베르그송의 철학이 어떻게 전반적인 세계관의 토대가 될 수 있는지, 그리고 의미와 도덕과 삶의 기초를 제공할 수 있는지 모르겠다고 응답했다. 나는 최대한 예의를 갖춰 떨리는 목소리로 내 둘레에 서 있던 분들에게 이렇게 말했다. 성경적 세계관이 훨씬 더 풍요롭고 그 진실성의 증거가 더욱 확실하기 때문에 나는 죄송합니다만 위험을 감수하고 그 세계관에 충실하겠다고.[3]

참으로 놀라운 상황이었다. 거기에는 나를 위협해서 기독교를 포기하게 만들려고 했던 뛰어난 과학자들이 있었다. 이후에 여러 번 생각해본 것이 있다. 만일 정반대 상황이 벌어져서, 내가 의자에 앉아있던 무신론자였고 주변의 크리스천 학자들이 나의 무신론을 포기하도록 내게 압력을 가했더

---

3. 당시에는 내가 몰랐지만, 묘하게도 유대인이었던 베르그송은 훗날 하나님에 대한 정통적인 견해 쪽으로 이동했고, 1937년의 유언에서는 유럽에서 반유대주의 파도가 높이 일지 않았더라면 그 자신이 기독교로 전향했을 것이라고 고백했다.

라면, 그것은 대학교 전체에 큰 반발을 일으켜서 아마 관련 교수들이 징계를 받았을 것이다.

그러나 그 두려운 사건은 내 마음과 지성을 강하게 만들었다. 나는 훌륭한 과학자가 되기 위해 최선을 다하기로 다짐했고, 기회가 온다면 사람들이 하나님과 과학에 관한 큰 질문들에 대해 생각하고 위협이나 압력 없이 그들의 마음을 정하도록 격려하겠다고 결심했다. 이후 수십 년 동안 젊은이와 늙은이를 막론하고 많은 이들과 더불어 우호적인 정신으로 이런 질문들에 관해 공개 토론을 할 수 있었던 것은 나의 특권이었다. 이 책의 내용은 사람들과 나누면 가장 유익하다고 생각한 몇몇 아이디어와 내가 나눴던 가장 흥미롭고 특이했던 몇몇 대화들이다.

학계의 어두운 면

나는 그날 또 다른 귀중한 교훈을 배웠다. 학계에 어두운 면이 존재한다는 사실이다. 선입관을 갖고 시작하는 일부 과학자는 증거에 대해 논하기를 원치 않고, 진실의 추구보다는 과학과 하나님은 어울리지 않고 하나님을 믿는 이들은 무지하다는 관념을 선전하는데 집중하는 듯하다.

이는 한 마디로 옳지 않다.

그뿐만 아니라, 당신에게 뛰어난 통찰력이 없어도 그런 관념이 틀렸음을 알 수 있다. 예컨대, 노벨물리학상에 대해 생각해보라. 2013년에 스코틀랜드인이자 무신론자인 피터 힉스(Peter Higgs)가 아원자 입자에 관한 획기적인 연구와 훗날 입증된 힉스 입자의 존재에 대한 예측으로 물리학상을 받았다. 수년 전에 물리학상을 받은 인물은 크리스천인 미국사람 윌리엄 필립스(William Phillips)였다.

만일 과학과 하나님이 어울리지 않는다면 크리스천은 노벨상을 받을 수 없을 것이다. 사실 1901년부터 2000년까지 노벨상 수상자의 육십 퍼센트 이상이 크리스천이었다.[4]

힉스 교수와 필립스 교수를 나눠놓는 것은 그들의 물리학이나 과학자로서의 위상이 아니라고 나는 생각한다. 둘다 노벨상을 받았으니까. 그들을 나눠놓는 것은 그들의 세

---

4. 바루크 아바 샬레브의 『노벨상 100년』(2005)에 따르면, 1901년과 2000년 사이에 노벨상을 받은 인물의 65.4퍼센트가 자기 종교를 다양한 형태의 기독교로 밝혔다 (423개의 상). 크리스천이 노벨평화상의 78.3퍼센트, 화학상의 72.5퍼센트, 물리학상의 65.3퍼센트, 의학상의 62퍼센트, 경제학상의 54퍼센트, 문학상의 49.5퍼센트를 각각 수상했다.

계관이다. 힉스는 무신론자이고 필립스는 크리스천이다. 따라서 오래 전에 케임브리지에서 나를 위협했던 그 학자들의 주장 – 자네가 과학자로 존경받고 싶으면 무신론자가 되어야 한다 – 은 분명히 틀렸다. 과학자가 되는 것과 하나님을 믿는 것 사이에는 본질적인 갈등이 있을 수 없다.

하지만 이 두 탁월한 인물들이 품은 세계관들 – 무신론과 유신론 – 간에는 진정한 갈등이 존재한다.

무신론이란 무엇인가?

엄밀히 말하면, 무신론이란 하나님에 대한 믿음이 없다는 뜻이다. 그렇다고 무신론자들은 세계관을 갖고 있지 않다는 뜻은 아니다. 본래 세계의 본질에 관한 많은 신념을 주장하지 않고서는 하나님의 존재를 부인할 수 없는 법이다. 그렇기 때문에 리처드 도킨스의 책, 『만들어진 신』은 하나님을 믿지 않는다고 진술하는 낱장짜리 전단지에 불과하지 않은 것이다. 그 긴 책은 그의 무신론적 세계관, 곧 자연주의를 다루고 있는데, 우주는 존재하는 모든 것이고, 과학자들이 '질량 에너지'라 부르는 것이 우주의 근본 요소이며 그밖에는 아무 것도 없다는 신념이다.『큰 그림』(The Big Picture)이란 베스트셀러를 쓴 물리학자 션 캐롤(Sean Carroll)은 자연주의가 어떻게 우주를 보고 있는지 설명한다.

우리 인간은 조직화된 진흙 덩어리이고, 자연의 패턴들의 비인격적 작동을 통해 우리를 둘러싼 세계의 위협적이고 복잡한 특징들에 대해 성찰하고 흠모하고 관여하는 역량을 개발해온 존재이다. … 우리가 삶에서 찾는 의미는 초월적인 것이 아니다.[5]

이것이 바로 많은 무신론자들이 믿고 있는 세계관이다.

내가 가진 세계관은 기독교 유신론이다. 나는 우주를 창조했고, 질서를 부여했고, 지탱하고 계시는 지성적인 하나님이 존재한다고 믿는다. 그는 인간을 그의 형상으로 만들었다. 즉 인간은 그들을 둘러싼 우주를 이해할 수 있는 능력 뿐 아니라 하나님을 알고 그분과 교제를 즐길 수 있는 능력도 부여받았다는 뜻이다. 크리스천은 삶이 초월적 의미를 갖고 있다고 믿는다. 과학이 이런 견해를 무너뜨리기는커녕 강하게 지지하고 있음을 나는 보여주고 싶다. 반면에 과학

---

5. Sean Carroll, *The Big Picture* (Penguin Random House, 2016), p 3-5.

이 별로 지지하지 않는 것이 바로 무신론임을 우리가 보게
되리라. 그런데 먼저 과학과 하나님이 어울리지 않는다는
그 이상한 입장에 우리가 어떻게 도달했는지 그 역사적 맥
락을 제공하는 정지작업을 하고 싶다.

역사에서 배우는 교훈

나는 항상 언어에 재능이 있었다. 수학과 언어는 종종 함
께하는 관계다. 내가 카디프에서 신참 학자로 일하던 가난
한 시절 늘어나는 가족을 부양하기 위해 수학 연구 논문들
을 러시아어에서 영어로 번역하는 일을 과외로 수행했었다.

신기하게도 몇 년 후 나는 시베리아의 노보시비르스크에
있는 한 대학교에서 한 달 동안 강의와 연구를 하려고 낡은
러시아 비행기로 그곳에 도착했다.

공산주의 시대에 러시아의 기술적 하부구조는 무척 뒤떨
어진 상태였지만 일부 러시아 수학자들은 세계적 리더였고,
그들을 만나고 교수진과 학생들과 시간을 보내는 일은 하나
의 특권이었다. 그런데 그들은 한 가지 사실 때문에 너무도
당혹스러워했다. 내가 하나님을 믿고 있다는 사실!

마침내 대학교 총장이 한 강좌를 열어놓고 나에게 왜 수학자로서 하나님을 믿는지 설명해달라고 요청했다. 거기서 이런 이슈에 관한 강좌를 만든 것은 칠십오 년 만에 처음 있는 일이었다. 강당은 학생들은 물론 많은 교수들까지 참석해 초만원이었다. 나는 특히 근대 과학의 역사에 관해 다루었고, 그 위대한 선구자들 – 갈릴레오, 케플러, 파스칼, 보일, 뉴턴, 패러데이, 클러크 맥스웰 – 이 모두 어떻게 하나님을 믿는 견실한 신자들이었는지 얘기했다.

내가 이 말을 했을 때 청중이 분노에 차 있다는 것을 알아챘고, 그런 표정이 달갑잖아서 나는 잠깐 멈추고 그들에게 왜 그토록 불쾌해하는지 물었다. 앞줄에 앉은 한 교수가 이렇게 말하는 것이었다. "우리가 화를 내는 것은 우리의 선배들인 그 유명한 과학자들이 하나님을 믿는 신자였다는 사실을 오늘 처음 들었기 때문이오. 어째서 우리는 이런 말을 듣지 못한 것이죠?" 나는 이렇게 대답했다. "이 역사적 사실은 당연히 여러분이 배운 '과학적 무신론'과 들어맞지 않기 때문이지 않소?"

나는 이어서 성경적 세계관과 근대 과학의 발흥 간의 연관성은 이미 잘 알려진 사실이라고 지적했다. 저명한 호주의 고대 역사학자 에드윈 저지(Edwin Judge)는 이렇게 말한다.

근대 세계는 과학적 방법의 혁명이 낳은 산물이다. … 과학에서 실험과 역사에서 출처를 증거로 인용하는 것은 아테네가 아닌 예루살렘의 세계관으로부터, 그리스인이 아니라 유대인과 크리스천으로부터 발생한다.[6]

C. S. 루이스는 이렇게 잘 요약하였다. "인간이 과학적이 된 것은 자연 속의 법을 기대했기 때문이고, 그들이 자연 속의 법을 기대한 것은 입법자를 믿었기 때문이다."[7]

피터 해리슨과 같은 최근 과학사학자들이 기독교 사상이 근대 과학의 지적 배경에 미친 영향을 표현하는 방식은 약간 다르긴 해도 동일한 결론에 이른다. 즉 하나님에 대한 신앙은 근대 과학의 발흥을 방해하기는커녕 그 발흥을 가동시킨 원동력 중 하나였다는 것이다. 그러므로 나는 과학자이면서 크리스천인 것을 골칫거리가 아니라 하나의 특권이자 영예로 간주하는 바이다.

---

6. goo.gl/uPDpNC에 인용됨.

7. C. S. Lewis, *Miracles* (Simon and Schuster, 1996), p 140.

여기에 위대한 과학자들의 신념을 몇 가지 싣는다. 행성 운동법칙을 발견한 요한네스 케플러(1571-1630)는 이렇게 썼다.

외부 세계에 대한 모든 조사의 주된 목적은 하나님이 부과하신 합리적 질서, 그분이 수학의 언어로 우리에게 계시하신 그 질서를 발견하는 것이어야 한다.

케플러가 다른 곳에서 깊은 기독교 신념을 드러낸 것을 보면 이는 단순한 이신론(理神論)의 표현이 아니다. "나는 오직 예수 그리스도를 섬기는 일만 믿는다. 그분 안에 모든 피난처와 위안이 있다."

가장 위대한 실험 과학자로 꼽히는 마이클 패러데이(1791-1867)는 독실한 크리스천이었다. 패러데이가 죽음을 앞두고 있을 때 한 친구가 "마이클 경, 지금은 무슨 추측을 하시오?"하고 물었다. 평생 방대한 과학적 주제들에 대해 추측하다 일부는 버리고 일부를 입증했던 그는 참으로 확고한 반응을 보였다. "추측이라고? 나는 없다네! 나는 확실한 것만 있소. 내가 죽어가면서 추측을 하지않고 하나님께 감사하는 것은 내가 누구를 믿어왔는지 알고, 그분이 내가 그날

까지 그분께 의탁한 것을 지킬 수 있다고 확신하기 때문이오."

영원에 직면했던 패러데이는 오래 전 사도 바울을 받쳐주었던 그 확신을 품고 있었다.

갈릴레오

"그런데 갈릴레오는 교회의 박해를 받지 않았소?"하고 시베리아 청중의 하나가 물었다. "그 사건은 과학과 하나님에 대한 신앙 간의 불협화음을 확실히 보여줍니다."

나는 이렇게 답변했다. 갈릴레오는 사실 하나님과 성경을 믿는 견실한 신자였고 평생 그런 신앙을 유지했다고. 갈릴레오는 언젠가 "자연법은 하나님의 손이 수학 언어로 쓰신 것"이고 "인간의 지성은 하나님의 작품이고 가장 탁월한 것 중에 하나"라고 말한 적이 있다.

더구나 이 이야기를 단순화한 대중적인 판(版)은 무신론적 세계관을 지지하는 것처럼 회자되어 왔다. 사실상 갈릴레오가 초기에는 종교인들로부터 많은 지지를 받았다. 예수회 소속 로마 대학(Collegio Romano)의 천문학자들이 처음에는 그의 천문학 연구를 지지하고 그를 환영했다. 반면에 갈릴레오가 아리스토텔레스를 비판한 것을 못마땅하게 여긴 세속 철학자들은 그에게 강력한 반론을 제기했다.

이는 문제를 일으키게끔 되어 있었다. 하지만 처음에는 교회와 문제가 없었다는 점을 강조하고 싶다. 유명한 『크리스티나 공작부인에게 보내는 편지』에서, 갈릴레오는 그에게 강하게 반대해서 교회 당국이 반대 의사를 표명하도록 만들려고 했던 자들은 학계의 교수들이라고 주장했다. 학자들이 직면했던 문제는 분명했다. 갈릴레오의 과학적 주장들이 학계를 지배하던 아리스토텔레스주의를 위협하고 있다는 것이었다.

당시에 발달하던 근대 과학의 정신을 품은 갈릴레오는 증거에 기초해 우주론들을 결정하길 원했지, 당시를 지배하던 이론들과 특히 아리스토텔레스의 권위에 호소한 주장들에 기초해 결정하길 원치 않았다. 갈릴레오는 그의 망원경을 통해 우주를 관찰했고, 그가 목격한 바는 아리스토텔레스의 주요 천문학적 추측의 일부를 강하게 논박했다. 갈릴레오는 아리스토텔레스가 가르쳤던 소위 '완벽한 태양'에 오점을 남긴 '태양의 흑점들'을 관찰했다. 1604년에는 초신성(超新星)을 목격했는데, 이는 하늘은 "변치 않는다"(immutable)는 아리스토텔레스의 견해에 의문을 제기했다.

아리스토텔레스주의는 당시에 지배적인 세계관이었고 그 패러다임 안에서 과학이 연구되었는데, 그것은 이미 균열이 나타나기 시작했던 하나의 세계관이었다. 더구나, 프로테스탄트 종교개혁이 로마의 권위에 도전하고 있었기에 로마의 관점에서 보면 종교적 안정이 점점 더 위협을 받고 있는 중이었다. 당시에 아리스토텔레스의 세계관을 수용했던 로마 가톨릭교회는, 성경이 항상 아리스토텔레스의 견해를 지지하진 않는다는 덜거덕거림(특히 예수회에서)이 퍼지고 있는데도 불구하고, 아리스토텔레스에 대한 심각한 도전을 일체 용납할 수 없다고 생각했다.

그러나 그 덜거덕거리는 소리가 아직 충분히 강하지 못해 학계와 로마 가톨릭교회가 제기한, 갈릴레오에 대한 강력한 반대를 막을 수는 없었다. 그런데 당시에도 그 반대의 이유가 단지 지적이고 정치적인 것만은 아니었다. 질투는 물론이고 갈릴레오의 외교적 기술의 부족도 그런 반대를 초래하는 요인이었다. 예컨대, 그는 평민들에게 지적인 힘을 실어주기 위해 라틴어가 아니라 이탈리아어로 출판해서 당대의 엘리트를 화나게 했다. 오늘날 우리가 말하는 과학의 대중적 이해에 갈릴레오가 헌신한 것이니 칭찬할 만하다.

갈릴레오는 또한 자기와 의견을 달리하는 사람들을 독설로 비난하는 근시안적이고 좋지 않은 습관을 가졌다. 아울러 그의『두 가지 우주체계에 대한 대화』에 그의 옛 친구이자 지지자인 교황 우르바노 8세 – 마페오 바르베리니 – 의 주장을 포함시키라는 공식적인 지령을 다루는 방식에도 문제가 많았다. 교황의 주장인즉, 하나님은 전능하셔서 어떤 주어진 자연 현상이든 많은 방법으로 만들어낼 수 있기 때문에 자연 철학자들이 단 하나의 해결책을 찾았다고 주장하는 것은 주제넘은 태도라는 것이었다. 갈릴레오가 의무적으로 그의 책에 이 주장을 포함시키긴 했지만 그것을 심플리치오('익살꾼')란 둔한 인물의 입에 넣는 식으로 그렇게 했다. 이는 스스로 자기 무덤을 파는 꼴이었다고 할 수 있다.

물론 로마 가톨릭교회가 갈릴레오의 입을 막기 위해 종교재판의 권력을 이용한 것과 훗날 여러 세기에 걸쳐 그를 복권시키려고 한 것은 모두 변명의 여지가 없다. 다음 두 가지 사실도 언급할 필요가 있다. 대중적인 믿음과 반대로 갈릴레오는 고문을 받은 적이 없었다. 그리고 갈릴레오가 가

택 연금을 당했을 때 대부분의 기간은 친구들에게 속한 호화로운 집에서 좋은 대접을 받으면서 지냈다는 것이다.

기존 세계관에 도전하다

여기서 끌어낼 주된 교훈은 이것이다. 일부 성직자들뿐 아니라 똑같이 아리스토텔레스의 제자들이었던 당시의 세속 철학자들의 저항과 반(反)계몽주의에 반대해 우주에 대한 더 나은 과학적 이해를 추진했던 인물이 바로 성경적 세계관을 믿었던 갈릴레오였다는 것이다.

오늘날의 철학자들과 과학자들 역시 사실 – 비록 그것이 하나님을 믿는 신자들이 지적한 사실일지라도 – 에 비추어 겸손해질 필요가 있다. 하나님을 믿지 않는 것이 과학적 정통의 보증이 아닌 것은 하나님에 대한 믿음이 그런 보증이 아닌 것과 같다. 갈릴레오의 시대와 우리 시대에 똑같이 해당되는 것은 지배적인 과학적 패러다임을 비판하는 일은 위험부담이 많다는 사실이다. 이는 전체주의 체제 아래 살고 있던 러시아 학자들도 놓치지 않았던 점이다.

과학사학자 콜린 러셀은 갈릴레오 사건(그리고 큰 오해를 초래했던, 사무엘 윌버포스와 T. H. 헉슬리의 1860년도 논쟁)에 관한 논평을 이렇게 마무리한다.

지난 몇 세기에 걸친 종교와 과학 간의 실제 관계가 깊고 영구적인 적대감을 그 특징으로 한다는 흔한 신념은 … 역사적으로 부정확할 뿐 아니라 너무나 기괴한 풍자화라서 어떻게 그런 신념이 그 정도의 지위를 얻게 되었는지 설명될 필요가 있다.[8]

---

8. C. A. Russell, "The Conflict Metaphor and Its Social Origins", *Science and Christian Belief*, 1 (1989), p 3-26.

과학이 걸어온 길:
뉴턴에서 스티븐 호킹까지

2장

현대에 가장 각광받던 과학자는 아마 스티븐 호킹이었을 것이다. 그가 차지했던 케임브리지 대학교의 루커스 석좌교수직은 삼백 년 전 아이작 뉴턴 경이 보유했던 바로 그 직책이었다. 뉴턴은 하나님을 믿는 견실하고 열렬한 신자였고 그의 신앙과 과학 연구 간에는 갈등이 없었다. 반면에 호킹은 스스로 무신론자로 자처했고 우리는 과학과 하나님 사이에서 선택을 내려야 한다고 말했다.

어떻게 그렇게 되었을까? 우리는 어떻게 뉴턴의 신앙에

서 호킹의 불신까지 이르게 되었는가? 이는 단순히 과학의 진보였던가? 아니면 다른 어떤 것이었나?

여기서 우리가 생각할 사항은 두 가지다. 둘 다 자명하지만 종종 놓치는 사항들이다.

과학자가 내놓은 진술과 과학적 진술

미국의 천문학자이자 우주론자인 칼 세이건(Carl Sagan)은 유명한 TV시리즈 '코스모스'를 시작하면서 "우주는 현재와 과거와 미래를 막론하고 존재하는 모든 것이다"라고 말했다. 그것은 과학의 진술이 아니라서, 예컨대, 중력은 역제곱 법칙을 따른다는 과학적 진술과 같은 범주에 둘 수 없다. 세이건의 진술은 그가 품은 무신론적 믿음의 표현일 뿐이다. 문제는, 많은 사람이 과학자들이 내놓은 모든 진술에다 과학자가 진술했다는 이유로 과학에 합당한 권위를 부여한다는 것이다.

과학자들, 심지어 뛰어난 과학자들까지도 심각한 오류를 범할 수 있기 때문에 그런 생각은 위험하다. 노벨물리학상을 받은 리처드 파인만은 자기 분야 바깥에서는 과학자도

여느 사람만큼 멍청하다고 말한 적이 있다. 한 가지 빤한 예를 들자면 스티븐 호킹이 『위대한 설계』(*The Grand Design*)에서 범한 오류이다. "철학은 죽었다. … 과학자들이 지식을 향한 탐구에서 발견의 횃불을 들고 가는 자들이 되었다."[9] 과학철학을 주요 토픽으로 삼은 책의 서두에 철학은 죽었다고 말하는 것은 현명하지 못한 처사라는 생각이 든다.

과학은 진리에 이르는 유일한 길인가?

과학이 진리에 이르는 유일한 길이라고 말하는 것도 틀리다. 오늘날 널리 퍼져있는 이런 생각은 '과학주의'(scientism)라고 불리는 신념이다.

이 점에 대해 생각해보라. 만일 과학이 진리에 이르는 유일한 길이라면, 모든 학교나 대학교의 절반 – 역사, 문학, 언어, 미술과 음악 등 – 이 제거되어야 할 것이란 점.

아이슈타인은 언젠가, 과학자들은 엉성한 철학자들이 된다고 말한 적이 있다. 유감스럽지만, 호킹은 뛰어난 과학자임에도 확실히 그런 약점을 드러냈다고 말하지 않을 수 없

---

9. S. Hawking and L. Mlodinow, *The Grand Design* (Bantam Books, 2010), p 5.

다. 한번은 스티븐 호킹의 친구인 영국 왕립학회 천문학자 리즈 남작에게 '가디언' 신문이 우주의 창조는 하나님을 필요로 하지 않았다는 호킹의 발표에 대해 어떻게 생각하는지 물었다. 리즈는 "나는 스티븐 호킹이 철학을 별로 읽지 않고 신학은 더 적게 읽는다는 것을 알 만큼 그를 알고 있기 때문에 그의 견해를 중요시할 필요가 없다고 생각한다"[10] 고 대답했다. 그는 호킹의 사망 기사에서도 똑같은 점을 지적했다.

안타깝게도, 과학이 진리에 이르는 유일한 길이란 생각은 종종 사람들로 하여금 '과학적'이란 말이 '합리적' – 이성에 부합하다 – 임을 뜻한다고 생각하게 한다. 이는 그릇된 생각이다. 위에서 언급한 모든 분야 , 역사, 문학 등은 삶의 대부분 영역과 마찬가지로 이성을 사용할 것을 요구한다. 이성은 과학보다 그 범위가 훨씬 더 넓다.

한 가지 예를 들면 과학의 한계를 잘 알 수 있다. 나의 숙모 마틸다가 케익을 구웠는데, 우리가 그것을 분석하도록 세계의 정상급 과학자 그룹에 제출했다고 상상해보라. 생화학자들은 그 성분에 포함된 단백질과 지방 등의 구조에 관

---

10. The *Guardian*, Wednesday 6th April 2011

해 알려줄 것이다. 화학자들은 케익에 내포된 요소들에 관해 알려주리라. 물리학자들은 기본적인 분자들의 견지에서 케익을 분석할 수 있을 것이다. 그리고 수학자들은 분명히 그 분자들의 행동을 묘사하기 위해 정밀한 방정식 한 세트를 내놓을 것이다.

이제 우리는 그 케익이 어떻게 만들어졌고 무엇으로 구성되어 있는지 알게 된다. 그런데 우리가 이제 그 케익이 왜 만들어졌는지 묻는다고 가정해보자. 마틸다가 싱긋이 웃는다. 그녀가 케익을 만들었기 때문에 그 해답을 알고 있다는 표정이다. 세계 최상급 과학자들이 아무리 조사해도 그녀가 왜 그것을 만들었는지 알 도리가 없다는 것이 자명하다. 그녀가 그 해답을 밝히기 전에는 그들이 결코 알 수 없을 것이다. 자연과학자들은 그 케익의 본질과 구조에 관한 질문은 감당할 수 있어도 "왜"라는 목적에 관한 질문에는 대답할 수 없다.[11] 과학은 한계를 갖고 있다.

노벨상을 받은 피터 메더워(Peter Medawar) 경은 과학에 한계가 존재하는 것은 단순한 초보 질문에 대답할 수 없기 때

---

11. 목적과 연관된 "왜"라는 질문과 별개로, 기능과 관련된 "왜"라는 질문은 보통 과학의 영역에 속하는 것으로 간주된다.

문일 가능성이 많다고 지적한다.

  염두에 둔 질문은 "모든 것이 어떻게 시작했는가?" "우리는 무
  엇 때문에 여기에 있는가?" "삶의 목적이 무엇인가"와 같은 것
  들이다.[12]

  하나님에 대한 믿음에 반대하기 위해 종종 제기되는 세
가지 흔한 주장이 있는데, 꽤 과학적이고 합리적이고 논리
적인 주장으로 들리지만 사실은 전혀 그렇지 않다.

하나님에 대한 믿음은 망상이다

  이는 리처드 도킨스의 책, 『만들어진 신』이 내놓은 주장
이다. 그는 한 걸음 더 나가서 그것은 사람들의 삶에 위험하
고 해로운 망상이라고 주장한다.
  '망상'은 정신의학에서 끌어온 개념이다. 이는 강력한
정반대의 증거가 있는데도 불구하고 사람들이 품은 끈질
긴 잘못된 믿음을 의미한다. 나는 이 주장을 거꾸로 돌려

---

12. Sir Peter Medawar, *Advice to a Young Scientist* (Harper and Row, 1979), p. 31.

이 정의에 더 잘 들어맞는 것은 도킨스의 무신론이라고 말하고 싶다.

도킨스는 정신의학자가 아니라서 하나님이 망상이라는 그의 주장은 그의 전문영역 바깥에 있다. 과학자로서 그는 그 분야의 전문가들이 무슨 말을 하는지 조사했으면 좋았을 것이다. 나 역시 정신의학자가 아니라서 과연 전문가들이 도킨스의 주장을 지지하는지 알아보려고 연구를 조금 했다.

나는 그들이 지지하지 않는다는 사실을 발견했다.

왕립 정신의학자 협회의 전 회장이었던 앤드류 심스 교수는 "종교적 믿음과 영성의 유익한 효과는 정신의학과 의학 전반에서 가장 잘 유지된 비밀 중 하나이다"[13]라고 썼다. 만일 이 주제에 관한 대규모 연구의 결과가 정반대 방향으로 나가서 종교가 당신의 정신 건강을 손상시키는 것으로 밝혀졌다면, 그것은 모든 신문의 첫 페이지를 장식했을 것이다.

더 나아가, 심스는 '미국 공중보건 저널'의 한 조사에 따르면, 종교에의 관여가 예컨대, 안녕, 행복, 삶의 만족, 희망과 낙관주의, 삶의 목적과 의미, 높은 자존감, 슬픔에의 적응, 큰 사회적 지지, 적은 외로움, 우울증에서의 빠른 회복과

---

13. Andrew Sims, *Is Faith Delusion?* (Continuum Books, 2009), p xi.

깊은 연관성이 있다고 한다. 그런데 도킨스의 글을 읽어보면 그는 이런 대규모 연구의 결과를 인식하지 못하고 있다.

어쩌면 우리를 미혹시키는 자가 도킨스인 듯하다. 그는 자기 논점을 개진하기 위해 과학을 이용한다고 주장하지만, 그는 과학이 말하는 바에 충분한 주의를 기울이지 않아서 과학이 그를 지지하지 않는다는 것을 모르고 있다. 그는 제대로 연구조사를 하지 못한 셈이다.

지금까지 다룬 것이 하나님에 대한 믿음이 준다는 '해로움'이다. 나중에 하나님의 실재에 대한 증거를 다루는 대목에 이르면 내가 무신론이야말로 망상이라고 주장할 터인데, 이유인즉 타당한 정반대 증거가 있음에도 불구하고 무신론은 끈질긴 믿음으로 존속되고 있기 때문이다.

프로이트의 반론

하나님은 망상이라는 생각과 가장 밀접한 연관이 있는 인물은 바로 지그문트 프로이트(Sigmund Freud)이다. 독일 정신의학자 만프레드 러츠(Manfred Lütz)는 베스트셀러『하나님: 가장 위대한 분의 간략한 역사』(God: A Brief History of the Greatest

$One)^{14}$에서 하나님을 믿는 신앙에 대한 프로이트의 설명은, 만일 하나님이 존재하지 않는다면, 아주 잘 작동한다고 지적한다. 하지만 이와 마찬가지로, 만일 하나님이 존재한다면, 바로 그 프로이트의 주장은 무신론이야말로 위안을 주는 망상임을, 현실을 외면하는 도피임을, 언젠가 하나님을 만나 당신의 인생을 해명하고 싶지 않은 욕구의 투영임을 보여줄 것이다.

마르크스주의는 종교가 인민의 아편이라는 프로이트의 견해를 채택했다. 그러나 마르크스주의적인 전체주의 국가들 아래서 압제를 경험한 이들은 그 주장의 뒷면을 잘 이해했다. 폴란드의 노벨문학상 수상자 체슬라브 밀로즈(Czeslaw Milosz)는 이렇게 썼다.

진정한 인민의 아편은 죽음 이후에 아무것도 없다는 믿음이다. 우리가 저지른 배신, 탐욕, 비겁함, 살인에 대해 심판을 받지 않을 것이란 생각이 주는 굉장한 위안이다.[15]

---

14. *Gott: Eine kleine Geschichte des Groessten* (München, Pattloch, 2007).

15. New York Review of Books goo.gl/yNb94X.

그런데 만일 하나님이 존재한다면, 프로이트의 주장을 따를 경우, 무신론은 우리 인생에 대한 궁극적인 도덕적 책임을 피하게 해주는 심리적 도피 기제라고 볼 수 있다. 프로이트가 못하는 일은 하나님이 존재하는지 여부에 대한 물음에 답변하는 것이다.

이 주장이 어떻게 두 가지 상반된 효과를 내는지 예를 들어보겠다. '가디언'지와의 인터뷰에서 스티븐 호킹은 "천국이나 내세라는 것은 없다 … 그것은 어둠을 두려워하는 사람들을 위한 요정 이야기일 뿐이다"[16]라고 전형적인 프로이트식 답변을 내놓았다. 기자가 나의 반응도 물었다. 가벼운 마음으로 내놓은 (프로이트식) 한 줄짜리 대답은 "무신론은 빛을 두려워하는 사람들을 위한 요정 이야기일 뿐"이라는 것이었다. 이 상호 교환이 BBC 뉴스에 인용되었다는 소리를 듣고 나는 기뻤다. 하지만 공평하게 말하자면, 호킹의 진술과 나의 진술 모두 과학적인 진술이 아니었다는 점을 지적해야겠다. 둘 다 믿음의 진술이었던 것이다. 두 진술이 옳은지 여부는 별개의 문제이고, 이에 관해서는 프로이트가 할 말이 없다.

---

16. goo.gl/b9yfjY에 인용됨.

이빨 요정

~~~~~

과학자들이 품는 그릇된 생각의 마지막 예는 하나님에 대한 믿음이 산타클로스, 날아다니는 스파게티 괴물, 또는 이빨 요정을 믿는 바와 같다고 여기는 것이다. 나는 공적인 자리에서 이런 비판을 접한 적이 여러 번 있었다. 한 번은 어느 대학교에서 벌어진 논쟁에서 한 과학자가 그런 식으로 나에게 도전했다. 그 쟁점을 해결하려고 나는 청중에게 만일 그들이 성인으로서 산타클로스를 믿는다면 손을 들라고 했다. 아무도 들지 않았다. 이어서 그들이 성인으로서 하나님을 믿는다면 손을 들라고 했더니 수백 명이 들었다.

하나님을 산타클로스와 같은 범주에 두는 것은 도무지 이해가 되지 않는다. 역사를 훑어보면 최고의 지성들 중 몇몇이 하나님에 관한 사유에 몰두한 것을 볼 수 있다. 산타클로스에 대해서는 그렇게 하지 않았다. 그런 주장은 호의적인 청중의 박수나 웃음을 얻을지는 모르지만 한 마디로 철학자들이 말하는 범주 오류이다.

이제 뉴턴과 호킹에 관한 질문으로 되돌아가자.

우리는 선택해야만 하는가?

어째서 스티븐 호킹은 우리가 과학과 하나님 사이에서 선택해야 한다고 생각한 반면, 아이작 뉴턴은 그렇게 생각하지 않은 것일까?

두 가지 이유가 있다고 생각한다. 하나님의 본성에 관한 혼동과 과학적 설명의 본질에 관한 혼동이다.

1. 하나님의 본성에 관한 혼동

내가 하나님에 관해 얘기할 때 사람들이 성경의 하나님을 가리키는 줄 안다고 나는 생각하곤 했다. 인격적이고, 지성적이고, 막강한 우주의 창조주이자 지탱자이신 그 하나님을. 그런데 지금은 많은 사람이 '하나님'이란 단어가 '간격의 신'을 가리킨다고 생각한다는 것을 알고 있다. 즉 우리의 이해에 생기는 공백을 설명하는 존재로 우리가 고안한 신을 말한다. "나는 그것을 설명할 수 없어. 그런즉 하나님이 하신 것이야"라는 식이다. 이는 고대 그리스인들이 믿었던 그런 신이다. 그리스인은 번개를 이해하지 못해서 그것을 설명하기 위해 번개의 신을 만들었다. 하지만 현대의 대학교에서 대기물리학을 조금만 공부해도 그런 신에 대한 믿음이 불필요하다는 것을 알 수 있다. 그런데 오늘날에는 성경의 하나님이 그런 간격의 신에 불과하다는 관념이 널리 퍼져있다. 과학이 진보하면 조금씩 사라지는 존재로 보는 것이다.

여기서 우리가 이해해야 할 중요한 점이 있다. 만일 당신이 하나님을 간격의 신 – 과학이 아직 설명하지 못한 어떤 것을 한시적으로 상징하는 'x' – 으로 규정짓는다면, 당신은 과학과 하나님 사이에서 선택을 내리지 않으면 안 된다. 당신이 하나님을 그렇게 규정지었기 때문이다. 당신은 성경의 하나님을 생각하지 않고 있는 것이다. 이는 또 다른 심각한 범주 오류이다.

고대 근동 종교에 관한 세계적 전문가인 베르너 예거(Werner Jaeger)는 고대 세계의 신들은 이런 공통점이 있었다고 지적한다. 그들의 기원이 '하늘과 땅에서 내려온' 것으로 묘사되었다는 점이다. 그들은 태고의 질량과 에너지의 카오스가 낳은 산물이라서 본질적으로 물질적인 신들이었다. 이와 대조적으로 성경의 하나님, 히브리인의 하나님은 하늘과 땅을 창조하는 존재로 묘사되어 있다고 예거는 말했다. 하늘과 땅에서 내려온 분이 아니라는 뜻이다. 성경의 하나님은 간격의 신이 아니다. 그는 쇼 전체를 좌우하는 분이다. 그는 우리가 이해하지 못하는 우주의 일부와 우리가 이해하는 우주의 일부 등 우주 전체의 하나님이다. 그래서 창세기는 "태초에 하나님이 우리가 아직 이해하지 못하는 우주의 일부를 창조하셨다"는 말로 시작하지 않는 것이다.

과학이 더 진보할수록 하나님이 설 자리가 없다고 믿는 것은 정말로 피상적인 믿음이다. 뉴턴이 중력의 법칙을 발견했을 때 "이제 우리가 중력의 법칙을 찾았으니 하나님이 필요 없다"고 말하지 않았다. 오히려 『자연철학의 수학적 원리』(*Philosophiae Naturalis Principia Mathematica*)라는 어쩌면 과학사에서 가장 유명한 책을 썼다. 그 책에서 그의 계산과 관찰이 사유하는 사람으로 신을 믿도록 설득하기를 바란다고 했다.

정상적인 사람들은 아름답거나 복잡한 인공물에 관해 이해하면 할수록 그것을 만든 사람의 지성에 더욱 감탄하게 된다. 그들이 그림에 관해 더 많이 이해할수록 렘브란트의 재능에 덜 감탄하는 게 아니라 더욱 감탄하게 된다. 그들이 공학 기술에 대해 더 많이 이해할수록 롤스와 로이스[17]의 재능에 더욱 경탄할 수 있다. 그리고 뉴턴은 우주가 움직이는

17. 영국의 자동차 회사 '롤스로이스'를 창업한 엔지니어들.(역자 주)

방식을 더 많이 이해할수록 우주가 그런 식으로 작동하게 하신 하나님의 비범한 재능에 감탄을 금치 못했다.

요점은 이것이다. 과학은 하나의 설명으로서 하나님과 경쟁하지 않는다는 것. 과학은 다른 종류의 설명을 제공한다. 이제 호킹의 사유에 담긴 두 번째 결함에 관해 생각해보자.

2. 과학적 설명의 본질에 관한 혼동

뉴턴과 호킹 모두 중력에 관심이 있었다. 뉴턴은 중력의 법칙을 발견했고, 호킹은 중력과 블랙홀에 관한 중대한 연구를 수행했다. 그러나 둘 사이에 현격한 차이점이 있다. 뉴턴은 중력의 법칙을 우주 설계 때 하나님의 재능을 보여주는 증거로 간주했는데 비해, 호킹은 중력을 하나님의 존재를 부인할 만한 주된 이유로 제시했다.

많은 사람은 이처럼 태도가 바뀐 이유를 다음과 같이 생각한다. 뉴턴이 여러 법칙을 발견한지 삼백 년 이상이 흘렀고, 그동안 과학이 더욱 발달해서 하나님에 대한 믿음을 가질 수 없게 되었기 때문이라고. 그러나 나는 그렇게 생각하지 않는다. 호킹이 중력 때문에 하나님을 저버리는 것, 그리고 도킨스를 비롯한 무신론자들이 하나님을 거부하는 것은 사실상 설명의 본질에 대한 심각한 오해에 그 근거를 두고 있다.

과학은 무엇을 설명하는가?

　앞서 든 '숙모 마틸다와 케익'의 예화는 과학주의 – 과학이 적어도 원칙적으로는 모든 것을 설명할 수 있다는 믿음 – 가 틀렸다는 것을 보여준다. 이제 좀 더 정밀한 질문을 던져보자. 과학은 정확히 무엇을 설명하는가? 예컨대, 우리가 중력에 관해 생각해봤으므로 "중력의 법칙은 무엇을 설명하는가?"하고 물어보자. 그건 자명하다고 당신이 말할 것이다. 중력의 법칙은 중력을 설명한다고. 사실은 그렇지 않다는 것을 알면 당신도 놀라리라!

　나는 학생들에게 이렇게 가르치곤 했다. 중력의 법칙은 우리에게 중력의 효과를 계산하는 뛰어난 수학적 방식을 제공해 로켓이 지구의 중력권을 벗어나는데 필요한 속도를 계산할 수 있고, 우주 탐사용 로켓을 화성에 보내는데 필요한 계산을 할 수 있게 해준다고. 그러나 중력의 법칙은 우리에게 중력이 무엇인지 말해주지 않는다. 단지 중력이 어떻게 작동하는지만 말할 뿐이다. 뉴턴은 이 차이점을 이해했고 또 그렇게 말했다.

말하자면, 중력의 법칙은 중력에 대한 완전한 설명을 제공하지 않는다는 뜻이다. 과학은 종종 그렇다. 과학적 설명은 그 자체의 영역 내에서도 완전한 경우가 드물다. 그래서 철학자 루드비히 비트겐슈타인은 이렇게 썼던 것이다.

모든 현대적 세계관의 바탕에는 소위 자연법칙들이 자연 현상의 설명이라는 환상이 있다. … 현대적 시스템은 마치 모든 것이 설명된 것처럼 보이게 한다.[18]

사실은 자연법칙들이 우주를 묘사한다고 할 수 있다. 그러나 그 법칙들은 아무것도 설명하지 않는다. 과학의 관점에서 가만히 생각해보면 자연법칙의 존재 자체가 하나의 미스터리이다. 노벨물리학을 받은 리처드 파인만(Richard Feynman)은 이렇게 말한다.

조사될 수 있는 규칙들이 존재한다는 사실은 일종의 기적이다. 중력의 역제곱법칙과 같은 규칙을 발견할 수 있다는 것이 모종

---

18. *Tractatus Logico-Philosophicus* (Kegan Paul, Trench, Tubner and Co, 1922), p. 87.

의 기적이란 말이다. 그것은 전혀 이해할 수 없지만 예측의 가
능성을 준다. 이는 당신이 아직 수행하지 않은 실험에서 무슨
일이 일어날지를 예상하게 해준다는 뜻이다.[19]

그런 법칙들이 수학 공식으로 나타날 수 있다는 사실 자체
는 아인슈타인에게 줄곧 경이감을 불러일으켰고 물리적 우주
너머 '사람의 정신보다 훨씬 우월한' 어떤 정신을 가리켰다.[20]

합리적 설명

우리가 알아야 할 다음 사항은 어떤 것에 대한 과학적 설
명이 반드시 유일한 합리적 설명은 아니라는 점이다. 동시
에 똑같이 옳은 설명이 여러 개가 있을 수 있다.

예컨대, "이 물은 왜 끓고 있는가?"라고 묻는다고 하자. 가
스 불길에서 나오는 열에너지가 주전자의 구리 바닥을 통

---

19. *The Meaning of it all* (Penguin, 2007), p 23.

20. 1936년에 "과학자들은 기도하나요?"라고 묻는 한 여학생의 편지에 대한 아인슈
타인의 답변에서. 그 답장에서 아인슈타인은 다음과 같이 말하기도 했다. "과학의
탐구에 진지하게 종사하는 사람은 누구나 어떤 정신이 우주의 법칙들 안에 명백히
나타난다고 확신하게 된다. 그 정신은 사람의 정신보다 훨씬 우월하고, 그 앞에서
단순한 능력을 지닌 우리는 겸허하게 느껴야 한다." goo.gl/m9Shk2.

해 전도되고 있고 물이 끓을 정도까지 물의 분자들을 휘젓기 때문이라고 대답할 수 있다. 또는 내가 차 한 잔을 마시고 싶어서 물이 끓고 있다고 말할 수 있다. 이 두 가지 설명은 똑같이 합리적이지만 – 둘 다 완전히 타당하다 – 매우 다르다. 첫째 답변은 과학적인 것이고, 둘째 답변은 나의 의도와 의지와 욕구를 포함하는 개인적인 것이다. 아울러 두 가지 설명은 서로 상충되거나 경쟁하지 않는다는 것도 분명하다. 양자는 서로를 보완한다.

그뿐만 아니라 양자는 현재 일어나고 있는 일을 완전히 설명하는데 필요하다. 어쩌면 개인적인 작용의 견지에서 설명하는 것이 더 중요할 수 있다. 사람들은 열역학에 관해 알기 전 수천 년 동안 차 마시는 것을 즐겨왔기 때문이다! 아리스토텔레스는 이미 오래 전에 질료적 원인(주전자, 물, 가스 등)과 목적 원인(자극적인 음료를 원하는 나의 욕구)을 구별함으로써 이 모든 것을 지적한 바 있다.

이와 비슷하게, 자동차 엔진을 설명하기 위해서도 내부 연소의 물리학을 언급하거나 헨리 포드에 관해 얘기할 수 있다. 둘 다 합리적인 설명이다. 그리고 양자 모두 포괄적인 설명을 위해 필요하다. 이 실례의 규모를 확대시키면, 하나님이 우주에 대한 설명으로서 과학과 경쟁할 필요가 없는 것은 헨리 포드가 자동차에 대한 설명으로서 과학과 경쟁할 필요가 없는 것과 같다. 하나님은 주동자 – 창조자로서의 우주에 대한 설명이지 과학적 설명은 아니다. 만일 아리스토텔레스가 오늘 살아있다면 얼마나 많은 사람이 그 차이점을 보지 못하는지 알고 깜짝 놀랄 것이다.

소설가 도로시 세이어즈가 든 유쾌한 비유를 인용해보자.

베토벤의 월광 소나타와 고양이가 음반 위를 걸어서 내는 소리를 설명하려면 물질적으로는 똑같이 12음계로 충분하다. 그러나 고양이의 연주는 베토벤의 존재를 증명하지도, 반증하지도 못한다.[21]

스티븐 호킹은 우주가 애초에 왜 존재하는지 – 왜 무(無)가 아니라 무언가가 존재하는지 – 설명하는데 하나님이 필요 없다고 주장했다. 그는 과학이 해답을 제공할 수 있다고 믿었다. 그래서 이렇게 썼다.

---

21. Dorothy Sayers, "The Lost Tools of Learning" in Ryan N.S. Topping(ed), *Renewing the Mind* (Catholic University of America Press, 2015), p 230.

중력과 같은 법칙이 존재하기 때문에 우주는 무(無)로부터 스스로를 창조할 수 있고 또 창조할 것이다.[22]

이는 과학적인 진술처럼 보이고, 과학자가 쓴 글임은 분명하다. 그러나 이는 과학적인 진술이 아니다. 그뿐만 아니라, 초보적인 논리가 보여주듯 합리적인 진술조차 아니다.

첫째 결함: 자기모순

호킹의 진술은 자기모순적이다. "중력과 같은 법칙이 존재하기 때문에" 즉 거기에 무언가가 있기 때문에, "우주는 무(無)로부터 스스로를 … 창조할 것이다." 호킹은 중력이 법칙이 그냥 존재한다고 가정한다. 그것은 무(無)가 아니다. 그래서 그는 노골적인 모순의 잘못을 범한다.

둘째 결함: 법칙은 (아무것도) 창조하지 않는다

호킹의 말을 주의 깊게 살펴보라. "중력과 같은 법칙이 존재하기 때문에 …" 이 글을 내가 처음 읽었을 때는 "분명히

22. Stephen Hawking and Leonard Mlodinow, *The Grand Design* (Bantam Press, 2010), p 180.

'중력이 존재하기 때문에 …'란 뜻이겠지" 하고 생각했다. 만일 중력의 법칙이 묘사할 중력이 존재하지 않는다면 중력의 법칙이 무엇을 의미하겠는가? 더군다나, 과학자들이 우주를 거기에 두지 않았을 뿐 아니라 과학이나 수학적 물리학의 법칙들이 거기에 둔 것도 아니다. 그런데 호킹은 그(것)들이 그렇게 했을 것으로 생각하는 듯하다. 그는 『시간의 역사』에서 한 이론이 우주를 존재케 했을 수도 있다고 시사했다.

어떤 수학적 모델의 구성에 대한 통상적인 과학적 접근은 어째서 그 모델이 묘사할 우주가 존재하는가 하는 질문에 대답할 수 없다. 왜 우주는 굳이 존재하려고 애쓰는 것일까? 대통일 이론(unified theory)은 너무나 강력해서 그 자신의 존재를 불러일으키는 것일까? 아니면 그것은 창조자가 필요한가, 그리고 만일 그렇다면, 그는 우주에 다른 어떤 영향을 미치는가?[23]

어떤 이론 또는 물리적 법칙들이 우주를 존재케 한다는 생각은 인상적일지 몰라도 실제로는 말이 안 된다. 앞에서 뉴턴의 중력 법칙이 중력을 설명하지 않는다는 것을 살펴보

23. Stephen Hawking, *A Brief History of Time* (Bantam Press, 1988), p 174.

았다. 더 나아가, 그 법칙은 확실히 중력을 창조하지 않는다. 사실 물리학의 법칙들은 아무것도 창조할 수 없을뿐더러 아무것도 발생하도록 만들 수 없다. 유명한 뉴턴의 운동 법칙은 단 하나의 당구공도 테이블 위를 굴러가도록 만든 적이 한 번도 없다. 이는 당구공을 사용하는 사람들만 할 수 있는 일이다. 법칙들은 우리가 그 운동을 분석하고 장차 공의 움직임의 궤도를 그릴 수는 있게(외부의 간섭이 없다면) 해주지만[24] 공을 존재케 하기는커녕 공을 움직일 능력도 아예 없다.

그런데 유명한 물리학자 폴 데이비스(Paul Davis)도 호킹에 동의하는 듯하다.

우주 또는 생명의 기원과 관련해 초자연적인 것을 불러낼 필요는 없다. 나는 신이 만지작거린다는 생각을 좋아한 적이 없다. 나에게는 일련의 수학 법칙들이 너무나 영리해서 이 모든 것을 존재케 할 수 있다고 믿는 편이 훨씬 더 고무적이다.[25]

---

24. 혼돈 상태를 고려하면(최초의 조건들에 민감하면) 공이 맞고 튀는 궤적 약간을 제외하면 예측이 불가능하다는 점을 나도 잘 알고 있다.

25. Clive Cookson, "Scientists who glimpsed God", *Financial Times*, April 29, 1995, p 50.

이 진술에 나오는 비과학적인 언어를 주목하라. "나는 …
좋아한 적이 없다 … 더 고무적이다." 그러나 우리가 몸담은
현실 세계에서는 가장 단순한 산술 법칙(1+1=2)도 스스로 무
언가를 존재케 한 적이 전혀 없다. 어떤 돈을 누군가의 은행
계좌에 넣어준 적도 분명히 없다. 만일 당신이 먼저 은행에
백 파운드를 넣고 나중에 또 백 파운드를 넣는다면, 수학 법
칙은 당신이 어떻게 은행에 이백 파운드를 갖게 되는지 합
리적으로 설명해줄 것이다. 반면에 만일 당신이 은행에 전혀
돈을 넣지 않고 산술 법칙이 돈을 창조하도록 그냥 내버려둔
다면, 당신은 무일푼의 거지로 남을 것이다. 산술 법칙은 무
언가를 존재케 할 수 있다는 의미에서 '영리한' 것이 아니다.
그 법칙들은 이미 존재하는 것에 적용될 수 있을 뿐이다.

C. S. 루이스는 이것을 오래 전에 알았다. 그래서 자연법
칙에 대해 이렇게 썼다.

자연법칙들은 어떤 사건도 만들지 않는다. 모든 사건이 … 따라
야 할 패턴을 진술할 뿐이다. 이는 산술 법칙이 – 당신이 돈을
획득할 수만 있다면 – 모든 금전 거래가 따라야 할 패턴을 진술
하는 것과 같다 … 모든 법칙은 하나같이 결국 "당신이 A를 갖

고 있다면, 당신이 B를 가질 것이다"라고 말하기 때문이다. 그러나 먼저 당신의 A를 붙잡으라. 법칙들이 당신을 위해 그 일을 해주진 않을 테니까.[26]

영리한 수학 법칙들이 스스로 우주와 생명을 존재케 하는 세계는 공상 과학 소설이다. 이론과 법칙은 물질이나 에너지를 존재케 하지 못한다. 그럼에도 불구하고 그런 것들이 여하튼 그런 능력을 갖고 있다는 견해는 호킹의 의문인 "아니면 그것은 창조자가 필요한가?"에 제기된 대안적인 가능성을 회피하려는 절박한 피난처인 듯하다(피난처가 아니면 다른 무엇일지 도무지 모르겠다).

셋째 결함: 자기 창조는 일관성이 없다

끝으로, "우주는 무(無)로부터 스스로를 창조할 수 있고 또 창조할 것이다"라는 호킹의 진술은 무의미하다. 만일 내가 "X는 Y를 창조한다"라고 말한다면, 이는 Y를 존재케 하기 위해 우선 X가 존재하는 것을 전제로 한다. 만일 내가 "X는 X를 창조한다"라고 말한다면, 나는 X의 존재를 설명하기

---

26. C. S. Lewis, *Miracles* (Fontana, 1974), p 63.

위해 X의 존재를 전제로 삼는다. 우주의 존재를 설명하려고 우주의 존재를 전제로 삼은 것은 논리적 일관성이 없다.

이는 세계적인 과학자가 썼다고 해도 난센스 진술은 여전히 난센스 진술일 뿐임을 보여준다.

호킹은 "왜 저기에 아무것도 없지 않고 무언가가 있는가?"라는 핵심 질문에 대답하지 못한 것이다. 중력의 존재는 곧 우주의 창조가 불가피했음을 의미한다고 그는 말한다. 그런데 중력은 애초에 어떻게 존재하게 되었을까? 중력의 탄생 배후에 있던 창조적인 힘은 무엇이었을까? 수학적 묘사가 가능한 그 모든 속성과 잠재력을 지닌 중력을 누가 거기에 두었을까? 이와 비슷하게, 호킹은 그의 자발적 창조론을 지지하려고 '우주를 작동시키기' 위해 '단추'만 누르면 되었다고 주장하는데, 나로서는 "그 단추는 어디서 왔는가?" 하고 묻고 싶다. 그 단추가 우주를 작동시킨다면 그것은 분명히 우주의 일부가 아니다. 단추를 누른 존재가 하나님이 아니라면 과연 누구일까?

앨런 샌디지(Allan Sandage)는 퀘이사(quasar)를 발견해서 천문학계의 노벨상인 크라포르드상을 받은 현대 천문학의 아버지로서 분명한 답변을 제공한다.

나는 그런 질서가 카오스에서 나왔을 개연성은 없다고 본다. 어떤 조직 원리가 있어야 한다. 하나님은 나에게 하나의 미스터리이지만 존재의 기적 – 왜 저기에 무(無) 대신에 무언가 있는지 – 에 대한 설명이다.[27]

무신론을 신봉하는 과학자들은 자연 배후의 신적 지성의 존재에 대한 명백한 증거를 회피하려다보니 창조적인 힘을 점점 더 신뢰하기 힘든 후보들 – 물질/에너지, 자연법칙 등 – 에 기인하는 것으로 돌리지 않을 수 없다. 무신론은 제대로 답변하지 못한다.

누가 창조자를 창조했는가?

보통은 이 지점에 이르면 누군가 이런 질문을 던진다. 하나님이 우주를 창조했다고 당신이 믿는다면 하나님은 누가 창조했는지 묻는 것이 논리적이지 않은가? 이는 하나님에 대한 믿음을 우습게 만들지 않는가? 바로 도킨스가 『만들어진 신』에서 하나님을 제쳐놓기 위한 주된 이유들 중 하나로

---

27. *New York Times*, 12 March 1991, p.B9.

이런 논리를 사용한다.

설계자 하나님이 조직화된 복잡성을 설명하기 위해 사용될 수 없는 이유는 무엇이든 설계할 능력이 있는 하나님은 동일한 종류의 설명이 요구될 만큼 복잡해야 할 것이기 때문이다.[28]

이 말은 다음과 같은 말과 비슷하게 들린다. "리처드 도킨스가 그의 책, 『만들어진 신』의 조직화된 복잡성을 설명하기 위해 사용될 수 없는 이유는 그것을 생산할 능력이 있는 것은 무엇이든 동일한 종류의 설명이 요구될 만큼 복잡해야 할 것이기 때문이다."

어쨌든, 만일 당신이 누가 하나님을 창조했는지 묻는다면, 당신이 무엇을 가정하고 있는지를 분명히 할 필요가 있다. 당신은 하나님이 창조되었다고 가정하고 있지 않은가? 그런데 만일 그분이 창조되지 않은 존재라면 어떻게 될까? 당신의 질문은 부적절해진다. 성경은 하나님을 영원하고 또 창조되지 않은 존재로 묘사하기 때문에 그것은 심각한 문제

---

28. Richard Dawkins, *The God Delusion* (Black Swan, 2006), p 136.

이다. 그러므로 당신의 질문은 그의 존재를 위협하기는커녕 그에게 적용되지 않고, 그분을 믿는 사람들의 믿음에도 적용되지 않는다. 만일 리처드 도킨스의 책에 *The God Delusion* 대신에 *The Created Gods Delusion*이란 제목이 붙었다면 아무도 구입하지 않았을 것 같다. 왜냐하면 창조된 신들 – 우리가 보통 우상이라 부르는 것 – 이 망상임은 누구나 알 수 있기 때문이다. 그러면 기독교 전통 전체가 열정적으로 도킨스의 견해에 동의하게 될 것이다.

도킨스의 논리는 창조된 피조물에게는 분명히 적용된다. 그것은 그 자신의 우주관에 적용되기 때문에 부족한 논리이다. 만일 도킨스가 하나님은 하나의 설명이 아니라고 주장한다면(당신이 "누가 하나님을 창조했는가?"라고 물어야 하기 때문에), 그와 똑같은 이유로, 우주의 존재 이유로 그가 제시하는 것이 무엇이든 하나의 설명이 될 수 없다. 만일 그 자신이 무엇을 존재케 했다고 말할 수 없다면 그러하다. 그래서 나는 공개 논쟁에서 그에게 이 질문을 던졌다.

당신은 우주가 당신을 창조했다고 믿는다. 그러면 누가 당신의 창조자를 창조했는가?

나는 그 질문에 대한 답변을 십 년이 넘도록 기다리는 중이다. 이제까지 답변을 받은 적이 없다.

호기심 해결사 I :
종교는 믿음에 달려있지만 과학은 그렇지 않다

3장

하나님을 믿는 신자들의 문제는 '그들이 신자'라는 사실에 있다는 말을 종종 듣는다. 즉 그들이 신앙의 사람들이라는 게 문제라는 뜻이다. 과학은 신앙을 요구하지 않기 때문에 훨씬 우월하다고 한다. 이는 멋지게 들린다. 그런데 사실은 완전히 틀린 말이다.

  내가 미국 프린스턴 대학교의 유명한 윤리학자 피터 싱어와 만난 이야기를 들려줄까 한다. 그는 무신론자이고, 나는 하나님의 존재를 둘러싸고 그의 고향인 호주의 멜버른에서 그와 논쟁을 벌인 적이 있다. 맨 먼저 나는 청중에게 나의 출신 배경을 말했다. 북아일랜드에서 성장했고 부모가 크리스천이었다고.

싱어는 부분적으로 이 때문에 종교를 반대한다는 반응을 보였다. 즉, 사람들은 그들의 성장 배경에서 신앙을 물려받는 경향이 있다는 것. 그에게 종교는 진리의 문제가 아니라 유산과 환경의 문제에 불과한 것이다. 그래서 나는 "피터, 당신의 부모는 무신론자였나요?"라고 물었다.

"어머니는 확실히 무신론자였지요. 아버지는 불가지론자에 더 가까웠어요"라고 그가 대답했다.

"그러면 당신도 나처럼 부모의 신앙을 답습하고 있는 것이군요"하고 내가 말했다.

"내가 보기에, 그것은 신앙이 아니지요"하고 그가 말했다.

"당연히 그것은 신앙이지요. 당신이 그것을 믿지 않나요?" 나의 응답이었다.

모두들 웃음을 터뜨렸다.

그뿐만 아니라, 내가 나중에 알게 된 것은 인터넷이 그 문제로 온통 달아올랐다는 사실이다. 아니, 유명한 철학자인 피터 싱어가 그의 무신론이 하나의 신념 체계인 것을 모른다고? 천문학자 앨런 샌디지와 같은 인물들이 하나님의 존재 증거에 설득되어 훗날 기독교로 개종했다는 소식을 들은 적이 없었는가?

믿음이란 무엇인가?

다수의 대표적인 무신론자들은 싱어처럼 신앙에 대해 혼동하고 그 결과 터무니없는 진술을 한다. "무신론자는 믿음이 없다"[29]고 리처드 도킨스가 말하는데, 『만들어진 신』은 온통 그 자신이 믿는 바, 즉 그가 큰 믿음을 갖고 있는 자연주의라는 무신론적 철학에 관한 책이다. 도킨스는 싱어처럼 믿음을 종교적 개념으로 생각하며, 믿음은 증거가 없는 데도 믿는 것을 의미한다고 본다. 그들은 매우 틀렸다. 믿음은 일상적인 개념이고, 그들은 이 용어를 그렇게 자주 사용하는 바람에 그만 비밀을 드러내고 말았다.

옥스퍼드 영어 사전에 따르면, 믿음(faith)의 어원은 충성 또는 신뢰를 의미하는 라틴어 fides이다. 그리고 우리에게 약간의 분별력만 있다면 우리는 증거가 없이는 어떤 사실이

---

29. *The God Delusion*, p51.

나 사람을 신뢰하지 않는다. 어쨌든, 올바른 동기와 확실한 증거를 바탕으로 결정을 내리는 것이 믿음이 작동되는 방식이다. 당신이 어떻게 은행 매니저로 당신을 신뢰하게 만드는지, 또는 당신이 무슨 근거로 어떤 버스나 항공기를 타기로 결정하는지 생각해보라.

증거가 없는 데도 믿는 것은 보통 맹목적인 믿음이라 불린다. 물론 어느 종교에나 맹목적으로 믿는 신자들이 있다. 맹목적인 믿음은 매우 위험하다. 9/11사태를 생각해보라. 나는 타종교에 대해 말할 수는 없지만 크리스천에게 기대되는 믿음은 분명히 맹목적인 것이 아니다. 그렇지 않다면 나는 기독교에 관심이 없을 것이다.

복음서를 쓴 요한은 이렇게 말한다.

예수께서 제자들 앞에서 이 책에 기록되지 아니한 다른 표적도 많이 행하셨으나, 오직 이것을 기록함은 너희로 예수께서 하나님의 아들 그리스도이심을 믿게 하려 함이요, 또 너희로 믿고 그 이름을 힘입어 생명을 얻게 하려 함이니라. (요한복음 20:30-31)

예수의 생애를 다룬 요한의 이야기는 그리스도에 대한

믿음의 바탕이 될 만한 목격자의 증언을 담고 있다는 말이다. 사실 사복음서에 담긴 많은 재료가 목격자의 증언에 기초해 있다는 주장을 충분히 펼 수 있다.[30]

무신론자들도 믿음이 있는가?

믿음의 본질에 대한 혼동으로 인해 많은 사람은 또 다른 심각한 오류를 범한다. 무신론과 과학 모두 믿음을 내포하고 있지 않다고 생각하는 것이다. 그러나 아이러니는 무신론도 하나의 신념 체계이고 과학도 믿음이 없이는 있을 수 없다는 점이다.

물리학자 폴 데이비스는 올바른 과학적 태도는 본질상 신학적이라고 말한다. "과학은, 과학자가 어떤 본질상 신학적인 세계관을 채택할 때에만 전진할 수 있다." 그는 이렇게 지적한다. "가장 무신론적인 과학자라도 … 적어도 부분적으로 우리가 이해할 수 있는 자연 속의 법칙 같은 질서를 … **믿음의 행위로서** [강조체는 나의 것] 받아들인다."[31] 앨버트 아

30. R. Bauckham, *Jesus and the Eyewitnesses* (Eerdmans, 2017).

31. Templeton Prize Address, 1995, goo.gl/bXag3s.

인슈타인은 이런 유명한 말을 한 적이 있다.

과학은 오직 진실과 지식을 향한 열망에 철저히 고취된 사람들만 창조할 수 있는 것이다. 하지만 이런 감정의 원천은 종교의 영역에서 나온다. 거기에는 또한 존재의 세계에 타당한 규칙들이 합리적일 가능성, 즉 이성이 이해할 수 있을 가능성에 대한 믿음도 속한다. 나로서는 그 심오한 믿음이 없는 진정한 과학자를 도무지 생각할 수 없다 [강조체는 나의 것]. 이 상황을 이미지로 표현해도 좋겠다. 종교 없는 믿음은 절름발이이고, 과학 없는 종교는 장님이다.[32]

아인슈타인은, 모든 믿음은 맹목적인 믿음이라는 도킨스의 망상에 걸리지 않은 것이 분명하다. 아인슈타인은 우주의 합리적 이해 가능성을 믿는 과학자의 '심오한 믿음'을 거론한다. 그는 그런 믿음이 없는 과학자를 도무지 상상할 수 없었다. 예컨대, 과학자들이 전자가 존재한다는 것과 아인슈타인의 상대성 이론이 유효하다는 것을 믿는(=믿음을 갖고

32. www.nature.com/articles/146605a0.pdf.

있는) 이유는 둘 다 관찰과 실험에 기초한 증거로 뒷받침되고 있기 때문이다.

케임브리지 대학교에서 우리에게 양자 역학을 가르쳤던 존 폴킹혼 교수는 이렇게 썼다. "과학은 물리적 세계의 수학적 이해 가능성을 설명하지 않는데, 이유인즉 이것이 그렇다는 것은 … 과학의 기초가 되는 믿음(faith)의 일부이기 때문이다."[33] 달리 말해, 당신이 그 이해 가능성을 믿지 않으면 물리학 공부를 시작할 수 없다는 것이다.

그렇다면 과학자들은 우주의 합리적 이해 가능성에 대한 그들의 믿음을 뒷받침해주는 어떤 증거를 갖고 있는가? 우리가 주목할 첫째 사항은 인간의 이성이 우주를 창조하지 않았다는 점이다. 이 점은 너무 자명해서 처음에는 하찮게 보일지 모른다. 그러나 사실 이것은 우리가 우리의 인지적 능력의 타당성을 평가할 때 근본적으로 중요한 사항이다. 우리가 우주를 창조하지 않았을 뿐 아니라 우리 자신의 이성의 능력도 창조하지 않았다. 우리가 이성적 능력을 사용해서 그 능력을 개발할 수는 있다. 그러나 우리가 그런 능력

----

33. J. Polkinghorne, *Reason and Reality* (SPCK, 1991), p 76.

을 창조한 것은 아니다. 그렇다면 우리의 작은 머릿속에서 일어나는 일이 어떻게 실재에 대한 참된 설명에 가까운 것을 제공할 수 있을까? 수학자가 머릿속에서 생각해낸 어떤 수학 방정식이 어떻게 우주의 작동에 부합할 수 있을까?

바로 이 의문 때문에 아인슈타인은 "세계에 관한 가장 불가해한 점은 그것이 이해될 수 있다는 것이다"라고 말한다. 이와 비슷하게, 노벨물리학상을 받은 유진 위그너(Eugene Wigner)는 언젠가 "자연과학에서 수학의 비합리적인 유효성"[34]이란 제목의 논문을 쓴 적이 있다. 그러나 그것은 무신론적인 관점에서 볼 때에만 비합리적일 뿐이다. 성경적인 관점에서 보면 다음 진술과 완벽하게 공명한다. "태초에 말씀이 계시니라 … 이 말씀은 곧 하나님이시니라 … 만물이 그로 말미암아 지은 바 되었으니 지은 것이 하나도 그가 없이는 된 것이 없느니라"(요한복음 1:1-3).

나는 동료 과학자들과 대화할 때 이런 질문을 던지곤 한다. "당신은 무엇으로 과학을 연구합니까?"

"내 지성으로"라고 몇몇은 대답하고, 지성이 곧 두뇌라는

---

34. *Communications in Pure and Applied Mathematics*, vol. 13, No. 1, February 1960 (John Wiley & Sons).

견해를 가진 다른 이들은 "내 두뇌로"라고 말한다.

"당신의 두뇌에 관해 말해주시겠소? 두뇌는 어떻게 존재하게 되었소?"

"자연적인, 지성이 없는, 지도받지 않은 과정에 의해."

"그렇다면 당신은 왜 그것을 신뢰하오?"하고 내가 묻는다. "만일 당신의 컴퓨터가 지성이 없는, 지도받지 않은 과정이 낳은 산물이라고 생각한다면 그것을 신뢰하겠소?"

"아니, 절대로"라는 대답이 나온다.

"그렇다면 당신은 분명히 문제를 안고 있소."

그들은 잠시 생각한 후 때때로 이런 논증을 어디서 얻었느냐고 내게 묻는다. 그리고 뜻밖의 대답을 듣는다. 바로 찰스 다윈이다. 다윈은 이렇게 썼다.

나에게 항상 무서운 의심이 생기는데, 더 저급한 동물의 지성에서 개발된 사람의 지성이 품은 신념이 과연 약간의 가치라도 있는지, 또는 도대체 신뢰할 만한지 모르겠다는 것이다.[35]

---

35. Letter to William Graham, 3rd July 1881. The University of Cambridge Darwin Correspondence project, goo.gl/Jfyu9Q.

물리학자 존 폴킹혼은 이 진술의 논리를 더 끌고 가서, 당신이 만일 정신적 사건을 물리학과 화학으로 환원시킨다면 의미를 파괴하게 된다고 말한다. 어떻게 그렇게 되는가?

생각이 전기화학적 신경 사건으로 대체되기 때문이다. 그런 두 가지 사건들은 합리적 담론에서 서로를 대면할 수 없다. 그 사건들은 옳지도 않고 그르지도 않다. 그냥 발생할 뿐이다. 합리적 담론의 세계는 쉴 새 없는 스냅시스의 불합리한 수다 속으로 사라져버린다. 솔직히 말해 그것은 옳을 수 없고 우리 중 아무도 그렇다고 믿지 않는다.[36]

폴킹혼은 크리스천이다. 하지만 몇몇 유명한 무신론자들도 그 문제를 알고 있다. 존 그레이(John Gray)는 이렇게 말한다.

현대의 휴머니즘은 과학을 통해 인류가 진리를 알 수 있다는 - 그래서 자유롭게 된다는 - 믿음이다. 그러나 다윈의 자연선택론이 옳다면 이는 불가능하다. 인간 지성은 진리가 아니라 진화

---

36. *One World: The Interaction of Science and Theology* (SPCK, 1986), p 92.

론적 성공을 섬기기 때문이다.[37]

또 다른 대표적인 철학자 토마스 네이글(Thomas Nagel)도 똑같이 생각한다. 네이글이 쓴 책 『지성과 코스모스』(*Mind and Cosmos*)에는 '신(新)다원주의 세계관은 왜 거의 틀린 것이 분명한가'라는 도발적인 부제가 붙어있다. 네이글은 "나는 하나님이 존재하길 원치 않는다"고 솔직하게 말하는 뚜렷한 무신론자이다.

그러나 만일 정신 자체가 단지 물리적인 것이 아니라면 물리적 과학으로 충분히 설명될 수 없다. 진화론적 자연주의에 따르면, 우리는 진화론적 자연주의 자체가 의존하는 과학적인 세계관을 포함해 우리가 품은 그 어떤 신념도 진지하게 여겨서는 안된다.[38]

이것이 바로 자연주의이다. 그러므로 무신론은 과학적 논리는 물론이고 그 어떤 논리라도 구성하거나 이해하거나 믿

---

37. *Straw Dogs* (Granta Books, 2002), p 26.

38. Thomas Nagel, *Mind and Cosmos* (OUP, 2012), p 14.

는데 필요한 그런 합리성의 토대를 무너뜨린다. 무신론은 자기모순적인 망상처럼 들리기 시작하고 있다. "강력한 정반대의 증거가 있는데도 불구하고 사람들이 품은 끈질긴 잘못된 믿음"이다.

물론 나는 기독교가 진리라고 믿기 때문에 무신론을 배격한다. 그러나 나는 과학자이기 때문에 무신론을 배격하기도 한다. 우리가 과학을 연구하는데 필요한 바로 그 합리성을 무너뜨리는 세계관을 내가 어떻게 수용할 수 있겠는가? 과학과 하나님은 매우 잘 어울린다. 오히려 과학과 무신론이 잘 어울리지 못한다.

단순성과 복잡성

이 문제를 고찰하는 또 다른 방법은 다시금 설명에 대해 생각하는 것이다. 우리가 과학을 배울 때 타당한 설명은 복잡한 것을 좀 더 단순한 것으로 설명하려 한다는 말을 듣곤 한다. 이를 '환원주의적' 설명이라 부르고, 이는 많은 영역에서 성공을 거두었다. 예컨대, 복잡한 분자인 물은 좀 더 단순한 원소인 수소와 산소로 구성되어 있다는 사실이다.

하지만 환원주의가 어디서나 작동하는 것은 아니다. 사실 환원주의가 전혀 작동하지 않는 곳이 있다. 메뉴에 있는 인쇄된 글자를 충분히 설명하려면 그 메뉴를 이루는 종이와 잉크보다 훨씬 더 복잡한 것을 포함해야 한다. 즉 그 메뉴를 고안한 사람의 지성의 어마어마한 복잡성을 포함하지 않으면 안 된다. 우리는 그 설명을 매우 잘 이해한다. 종이와 잉크로 이뤄져 인쇄되기까지의 과정이 아무리 자동화되었더라도 누군가 그 메뉴를 고안했다.

말하자면, 우리가 언어 같은 정보를 포함하는 어떤 것을 볼 때는 어떤 지성의 개입을 가정하는 것이다.

우리는 이제 DNA가 정보를 지닌 고분자임을 알고 있다. 인간 게놈은 단 네 개의 철자들로 구성된 화학적 알파벳으로 쓰여 있다. 하지만 철자가 삼십억 개가 넘고 유전자 코드를 운반한다. 그런 의미에서 이제껏 발견된 '단어' 중에 가장 길다. 만일 인쇄된, 뜻 있는 메뉴가 지성이 없는 자연적인 과정에 의해 창출될 수 없고 지성의 개입이 필요하다면, 인간 게놈에 대해서는 무슨 말을 하겠는가? 이는 그 기원을 어떤 지성, 즉 하나님의 지성에 두고 있음을 훨씬 더 강력하게 가리키지 않는가?

무신론적 철학은 물질/에너지(또는 요즘에는 '무(無)')와 함께 시작하고, 자연적 과정들과 자연의 법칙들이 어디서 왔든지 간에 무(無)로부터 존재하는 모든 것 – 코스모스, 생물권(生物圈)과 인간 지성 – 을 생산했다고 주장한다. 이런 주장은 나의 합리성을 한계점에 도달케 하고, 특히 성경적 견해와 비교해보면 그렇다.

"태초에 말씀이 계시니라 ··· 이 말씀은 곧 하나님이시니라 ··· 만물이 그로 말미암아 지은 바 되었으니 지은 것이 하나도 그가 없이는 된 것이 없느니라." (요한복음 1:1-3)

이 기독교적 세계관은 먼저 우리가 자연법칙들을 공식으로 나타내고 그 법칙들을 묘사하기 위해 수학의 언어를 사용할 수 있다는 사실과 잘 통한다. 둘째, 이 세계관은 DNA 속에 기호화된 유전 정보의 발견과 잘 어울린다. 과학은 우리가 언어에 기반을 둔 우주에 살고 있음을 밝혀주었고, 우리는 추론에 의해 그 지식을 획득했다.

C. S. 루이스의 주장에 따르면, "인간의 추론이 타당하지 않다면 어떤 과학도 옳을 수 없다"고 한다. 만일 궁극적 실

재가 물질이 아니라면, 우리의 상황에서 이 점을 고려하지 않는 것은 가장 중요한 사실을 무시하는 것이다. 그런데도 초자연적 차원은 잊히고 말았을 뿐 아니라 다수에 의해 법정에서도 배제되고 말았다. 루이스는 이렇게 말한다.

자연주의자들은 자연에 관해 생각하는 일에 관여해왔다. 그들은 자기네가 생각하고 있다는 사실에 주목하지 않았다. 누구나 이 사실에 주목하는 순간, 자신의 사유가 단지 자연적인 사건일 수 없다는 것, 그러므로 자연 이외의 어떤 것이 존재한다는 것이 명백하다.[39]

과학은 초자연적인 차원을 배제하지 못한다. 그뿐만 아니라 과학을 연구하는 행위 또는 모든 합리적 활동은 그 차원을 용인하지 않을 수 없다. 성경은 우리에게 이성을 신뢰할 수 있는 이유를 제공한다. 무신론은 그렇게 하지 못한다. 이는 많은 사람이 생각하는 방식과 정반대다.

---

39. C. S. Lewis, *Miracles* (Touchstone, 1996), p 23.

호기심 해결사 Ⅱ :
과학은 이성에 달려있지만 기독교는 그렇지 않다

4장

앞장에서 다룬 흔한 반론의 뒷면은 과학은 이성에 달려있지만 기독교는 그렇지 않다는 것이다. 이 관념은 앞장의 주제만큼 널리 퍼져있고 또 그만큼 완전히 틀린 것이다. 다시금 나는 스스로를 기독교에 한정시킬 생각이다. 물론 반(反)지성주의를 그 특징으로 하는 종교들이 있다. 기독교를 반지성주의적 종교로 잘못 생각하는 크리스천들이 아직도 있지만 사실은 그렇지 않다.

과학이란 무엇인가?

우리가 과학이 도대체 무엇인지를 말하지 않고 과학에 관해 한참 떠들었다는 것을 당신이 알아챘을지 모르겠다. 이제는 그 일을 할 차례다. 그런데 특히 철학자들이 개입할 때는 과학을 정의하기가 쉽지 않다. 하지만 여기서는 우리 모두 과학과 연관시키는 어떤 것들로 만족할 수 있다.

19세기 이전에는 '자연 철학'(natural philosophy)이란 용어가 우리가 현재 '과학'이라 부르는 것을 묘사하는데 사용되었다. 언어학적으로 보면, '자연 철학'은 '자연에 관한 지혜의 사랑'이란 뜻이다. 따라서 과학은 자연 세계에 관해 생각하는 한 방식이고, 우리가 학교에서 배웠듯이, 과학은 관찰을 하고 설명을 찾고 그것을 검증하기 위해 실험을 수행하는 일과 연관이 있다. 과학의 역사는 무척 길다. 논란의 여지는 있지만, 최초의 과학자 중 한 사람은 거의 이천오백 년 전, 주전 4세기에 살았던 아리스토텔레스였다.[40] 그는 생물들을 관찰한 인물로 유명했고, 다수는 그를 생명과학의 아

---

40. Armand Marie Leroi, *The Lagoon – How Aristotle Invented Science* (London, Bloomsbury, 2014).

버지로 간주한다.

그런데 아리스토텔레스는 플라톤처럼 때때로 경험적 관찰보다 철학적 원리에 근거해 자연에 관해 추론하기를 선호했고, 이로 인해 이따금 길을 잃기도 했다. 예컨대, 그는 무거운 물체를 떨어뜨리면 가벼운 물체보다 더 빨리 땅에 떨어질 것으로 생각했다는 소문이 있다. 갈릴레오가 이 생각에 도전해서 아리스토텔레스가 틀렸음을 보여주기 위해 영리한 실험을 고안했다. 그는 둥근 물체를 경사진 곳에서 굴렸는데, 굴러간 거리는 걸린 시간의 제곱에 비례하고 질량과는 상관이 없다는 사실을 발견했다. 그의 실험은 물체들이 다른 질량을 갖고 있으면 다른 속도로 떨어진다는 가설(과학에서 중요한 또 하나의 단어)을 논박했다.

이는 아리스토텔레스와 같은 매우 명석한 인물들도 항상 옳지는 않다는 점을 상기시켜준다. 아울러 과학은 점진적인 인간 노력이라는 것도 말해준다. 과학이 때로는 단속적으로 진보하긴 하지만 계속 축적되어 이룬 성공은 참으로 놀랍다.

과학적 방법

 그런데 관찰을 하고 설명을 찾고 그것을 검증하는 것은 과학에 국한된 사고방식이 아니다. 우리 모두가 많은 시간 동안 쓰는 사고방식이다. 가령 우리가 새로운 자전거를 사는데 관심이 있다고 가정하자. 먼저 길거리와 잡지와 인터넷에서 많은 자전거를 관찰한다. 가격을 비교하기도 한다. 어떤 것들은 너무 비싸고, 우리는 왜 그렇게 비싼지 알려고 애쓴다. 아마 그 프레임이 티타늄으로 만들어졌거나 하이텍 부품들이 내장되어 있어서 그럴 것이다. 좀 더 조사해보면 처음에 간과했던 점을 알게 된다. 우리의 생각을 소수의 가능성에 고정시킨 다음 자전거 가게로 가서 우리가 바라는 수준에 부합하는지 알아보려고 실제로 타봄으로써 시험을 한다. 그 모든 과정을 거친 후에 귀한 현금을 지불하고 기쁘게 집을 향해 타고 간다.

 우리가 행한 일은 상식적인 합리적 사고인데, 이것이 과학자들이 대부분의 시간에 수행하는 일이다. 요점은 과학적 사고는 합리적이지만(또는 합리적이어야 하지만) 합리적인 사고가 결코 과학에 국한되지 않는다는 것이다.

이제 독자들 중에 일부를 놀라게 할 사실이 있다. 이런 유의 사고가 성경의 도처에서 발견된다는 사실이다. 예수님이 가장 큰 계명이 무엇이냐는 질문을 받았을 때 이렇게 대답하셨다. 첫째는 "네 마음을 다하고 목숨을 다하고 뜻을 다하고 힘을 다하여 주 너의 하나님을 사랑하라 하신 것이요"(마가복음 12:30). 이 목록에 '뜻(지성, mind)'이 포함되어 있는 것을 주목하라. 하나님은 이성을 반대하는 분이 아니다. 그는 우리의 지성을 사용하도록 최대한 격려하는 분이다. 그분에 관해 생각할 때만이 아니라 우리가 몸담은 자연세계에 관해 생각할 때도 지성을 사용하라고 하신다. 케임브리지의 유명한 카벤디쉬 물리학 실험실의 출입문 위에는 제임스 클럭 맥스웰 경이 새겨놓은 시편 111편의 말씀이 있다.

주님께서 하시는 일들은 참으로 훌륭하시니, 그 일을 보고 기뻐하는 사람들이 모두 깊이 연구하는구나. (시편 111: 2, 새번역)

옛 히브리 시편의 이 글귀는 과학을 연구하라는 긍정적인 명령이다. 즉 자연에서 즐거움을 얻고, 자연에 경이감을 품고, 자연이 어떻게 작용하는지 발견하려고 애쓰라는 것이다 또 구약의 욥기서를 보면 욥이 과학에 대해 많이 몰라서 하나님이 욥에게 매우 강하게 도전하는 대목이 한 장을 차지하고 있다. 여기에 한 샘플을 싣는다.

그 때에 주님께서 욥에게 폭풍이 몰아치는 가운데서 대답하셨다. "네가 누구이기에 무지하고 헛된 말로 내 지혜를 의심하느냐?
이제 허리를 동이고 대장부답게 일어서서, 묻는 말에 대답해 보아라.
내가 땅의 기초를 놓을 때에, 네가 거기에 있기라도 하였느냐? 네가 그처럼 많이 알면, 내 물음에 대답해 보아라.
누가 이 땅을 설계하였는지, 너는 아느냐? 누가 그 위에 측량줄을 띄웠는지, 너는 아느냐?
무엇이 땅을 버티는 기둥을 잡고 있느냐? 누가 땅의 주춧돌을 놓았느냐?
그 날 새벽에 별들이 함께 노래하였고, 천사들은 모두 기쁨으로 소리를 질렀다.
바닷물이 땅 속 모태에서 터져 나올 때에, 누가 문을 닫아 바다를 가두었느냐?
구름으로 바다를 덮고, 흑암으로 바다를 감싼 것은, 바로 나다.

바다가 넘지 못하게 금을 그어 놓고, 바다를 가두고 문빗장을 지른 것은, 바로 나다.

'여기까지는 와도 된다. 그러나 더 넘어서지는 말아라! 도도한 물결을 여기에서 멈추어라!' 하고 바다에게 명한 것이 바로 나다." (욥기 38:1-11, 새번역)

이런 내용이 욥기에는 많다. 이 장들은 자연과 그 작용에 관한 일련의 매혹적인 질문들로 가득하다. 이는 과학자들이 묻는 그런 질문들이다. 우주에 관한 질문들: "하늘을 다스리는 질서가 무엇인지 아느냐? 또 그런 법칙을 땅에 적용할 수 있느냐?" 동물의 행동에 관한 질문들: "너는 산에 사는 염소가 언제 새끼를 치는지 아느냐? 들 사슴이 새끼를 낳는 것을 지켜 본 일이 있느냐? 들 사슴이 몇 달 만에 만삭이 되는지 아느냐? 언제 새끼를 낳는지 아느냐?"

그런 질문에 대한 대답은 관찰과 수의 계산과 시간 간격을 포함한다. 진정한 과학이 필요하다. 이에 덧붙여, 성경의 첫 책인 창세기에서는 하나님이 아담에게 동물의 이름을 지어주라고 명하신다(창세기 2:19). 분류학, 곧 사물에 이름을 붙이는 것은 다양한 분야에서 기본적인 과학적 활동이다. 하나님이 친히 어떤 사물들에게 이름을 지어준 분으로 묘사된 그 책에 나오는, 동물의 이름을 지어주라는 명령은 인간이 존재하는 목적들 중 하나를 이해하는데 매우 중요하다. 창조세계를 탐구하고, 점점 더 정교하게 그 구성물들의 이름을 지어줌으로써 그 세계를 연구하는 것이다. 이는 과학을 연구하라는 또 다른 성경의 명령이다.

통제된 조건의 실험

과학 덕분에 우리가 친숙하게 된 것은 통제된 조건의 실험(controlled trial)으로서 특히 의학에서 그러하다. 우리는 종종 약물 X가 질병 Y를 치료하는데 효과적인 것으로 입증되었다는 통계 정보를 얻곤 한다. 내가 아는 한, 문헌에 담긴 최초의 그런 시험은 성경 다니엘서 1장에 기록되어 있다. 다니엘과 그의 친구들은 주전 6세기경에 예루살렘을 포위했던 바벨론의 왕 느부갓네살에게 생포되었다.

네 젊은이는 오늘날의 주립 대학교에 해당하는 기관에 등록되어 왕의 자문관이 되도록 삼 년 동안 교육을 받기로 되어 있었다. 일종의 국비 장학생이었다. 특히 그들은 왕의

식탁에서 나오는 음식을 먹게 되어 있었다. 이에 대해 다니엘은 학장에게 이의를 제기했다. 추정컨대, 그 자신이 믿지 않는 이방 신들에게 바쳐진 식품과 포도주로 자기를 더럽히길 원치 않았을 것이다. 그는 학장에게 자기들에게 간단한 채식주의 음식만 주도록 부탁했다. 학장은 깜짝 놀라면서 다니엘에게, 만일 다니엘과 그의 친구들의 건강과 체력이 약해진 것을 왕이 알게 되면 학장 자신의 목숨을 잃게 될 것이라고 지적했다. 그 이야기를 읽어보면 학장이 다니엘을 좋아해서 그를 돕고 싶어 했던 것이 분명하다.

그래서 다니엘은 학장에게 비밀리에 열흘 동안 시험해본 후 그가 목격한 바에 따라 판단하도록 제안했다. 즉 다니엘은 구체적인 증거를 제공하겠다고 제안한 것이다. 학장은 동의했고, 시험한 후에 네 사람이 다른 학생들보다 훨씬 더 건강해 보였다. 학장은 이제 다니엘의 부탁을 보다 영구적으로 받아들이는데 필요한 증거를 갖게 되었다.

이것은 통제된 조건의 실험을 바탕으로 내린 의사결정의 매우 명백한 고대의 실례이고 과학의 본질에 해당한다. 누군가 성경은 과학에 내포된 사고방식에 대해 모른다고 말한다면, 그것은 우리에게 기독교의 성경보다 그 사람에 대해 더 많은 것을 말해준다.

다니엘이 제안한 과학적 시험은 서로 다른 종류의 자연 식품 – 왕의 식탁에서 나온 고기와 야채 – 을 구별하는데 맞춰져 있었다. 그러나 성경은 또한 자연과 초자연을 과학적으로 구별하는데 맞춰진 또 다른 사건을 기록하고 있다. 사무엘서 6장은 이스라엘로부터 언약궤를 빼앗은 팔레스타인 사람들이 갑자기 질병을 유발했다는 이유로 그것을 돌려보내기로 결정한다. 그들이 제사장들에게 전문가 조언을 구했더니 그 궤를 방금 송아지를 낳은 소 두 마리가 끄는 수레 위에 둬야 한다고 말했다. 그들은 소 두 마리에게서 송아지들을 떼어내고 그 수레를 보내게끔 되어 있었다. 만일 수레가 이스라엘 땅으로 되돌아가면 그들에게 질병을 내린 분이 정말로 하나님, 이스라엘의 하나님이었다는 결론을 내릴 것이었다.

그들의 추론은 동물학의 기본적인 관찰에 기초해 있다. 즉 송아지와 그 어미 소 간에는 매우 강한, 본능적인 유대가 있다는 점이다. 팔레스타인 지도자들은, 만일 소 두 마리가 그들의 송아지들을 버린 채 멀어지는 길을 따라 이스라엘 캠프로 향한다면, 그것은 강력한 자연의 힘에 반하는 행동일 것으로 추론했다. 극단적인 부자연스러운 행동이라 본 것이다. 그러므로 초자연적인 능력이 개입된 것이 틀림없다는 결론을 도출하는 것이 합리적이다. 다음과 같은 본문의 기록은 주목할 만하다. "암소들은 벳세메스 쪽으로 가는 길로 곧장 걸어갔다. 그 소들은 큰길에서 오른쪽으로나 왼쪽으로나 벗어나지 않고, 울음소리를 내면서 똑바로 길만 따라서 갔고."[41] 그들이 울음소리를 냈다는 것은 그들 속 깊숙이 그들의 자연스런 본능에 반하는 그 무엇을 하기 위해 이끌려가고 있음을 느꼈다는 것을 암시한다.

자연과 초자연

일부 사람들에 따르면, 어느 설명이 과학적인 것으로 간주되려면 물리적 과정의 견지에서 된 자연적인 설명이라야 한다. 예를 들면, 지진은 거대한 지각판의 움직임이라는 설명이다. 말하자면, 설명은 오직 자연적 과정의 견지에서만 해야 한다는 점을 과학에 대한 그들의 정의(定義)에 포함시킨다.

---

41 사무엘상 6:12 (새번역).

이런 정의를 그 소들과 관련된 사건에 적용한다면, 초자연적 설명은 과학적이 아니라고 말해야 할 것이다. 그러므로 그것은 합리적이거나 진정한 설명이 아니라고 말이다. 그러나 이렇게 말해서는 안 된다(그럼에도 다수는 그렇게 말한다). 그것은 완전히 합리적인 설명이다. 인간 이성의 존재 자체가 초자연적 차원의 증거를 제공한다는 점을 기억하자.

그 소들과 관련된 사건이 보여주는 바는 이것이다. 당신이 비록 과학을 자연적 설명에만 국한시킬지라도, 과학이 자연적 설명이 소용없음을 보여줄 때는 과학도 초자연의 증거를 제공할 수 있다는 것이다. 달리 말해, 자연적 과정의 견지에서 설명하는 일이 불가능하더라도 우리가 포기하면 안 될 상황이 존재한다는 것이다. 과학이 모든 질문에 답할 수는 없다.

그런 사고방식이 작동하는 최근의 실례가 있다. 철학자 안토니 플루(Antony Flew) 교수는 평생 무신론자로 살다가 인생 후기에 그의 마음을 바꿔 하나님의 존재를 인정하게 된 인물이다. 오십 년이 넘게 무신론자로 있다가 회심하게 된 이유를 이렇게 말했다. "생물학자들의 DNA조사는, 생명의 생산에 필요한 믿기 어려울 정도로 복잡한 배열을 감안하면 지성이 개입했음이 틀림없다는 것을 보여주었다"는 사실 때문이라고. 그리고 이렇게 덧붙였다. "나의 전 생애는 '증거가 이끄는 곳이면 어디든지 따라가라'는, 플라톤이 인용한 소크라테스의 원칙을 지침으로 삼아왔다." 그런데 만일 사람들이 그 원칙을 싫어한다면? "글쎄요, 그건 유감이네요"라고 플루가 말했다.[42]

플루가 옳았다. 증거가 이끄는 곳이면 어디든지 따라간다는 원칙은 매우 중요하다. 이 원칙은 과학적 설명을 자연적 과정의 견지에서만 좁게 정의한 입장을 뛰어넘어야 한다는 뜻일 수 있으나, 굳이 합리적 설명을 뛰어넘을 필요는 없다. 이 원칙이 어쩌면 우리를 올바른 설명으로 이끌지도 모른다![43] 이런 태도를 견지하면, 우리는 하버드의 세계적인 유전학자 리차드 르윈틴(Richard Lewontin)이 표명한 견해를 배격하게 될 것이다. 그는 이런 글을 썼다.

상식에 반하는 과학적 주장을 기꺼이 수용하겠다는 우리의 태도는 과학과 초자연 간의 진정한 갈등을 이해하는데 필요한 열

---

42. Antony Flew, *There is a God* (Harper Collins, New York, 2007), p 123.

43. *God's Undertaker* (Lion, 2009), p 34를 보라.

쉬이다. 과학의 구성물의 일부가 명백히 불합리함에도 불구하고 … 과학 공동체가 근거 없는 바로 그런 이야기들을 관용함에도 불구하고, 우리가 과학의 편을 드는 이유는 사전에 … 유물론에 헌신했기 때문이다. 과학의 방법들과 기관들이 어쨌든 현상적인 세계의 물질적 설명을 받아들이도록 강요한다는 것이 아니라, 그와 반대로, 우리가 조사 도구와 물질적 설명을 하는 일단의 개념들을 만들기 위해 물질적 원인들에 대한 우리의 선험적 헌신에 의해 강요받은 것이다. 그것이 풋내기에게는 아무리 반(反)직관적이고 어리둥절하게 보일지라도 그렇다. 더욱이, 우리는 신의 발이 문에 들어오는 것을 허락할 수 없기 때문에 유물론은 절대적인 것이다.[44]

이 글은 솔직하지만 결코 합리적이지 않다. 과학자는 물론이고 생각이 있는 사람이라면 고려할 가치가 없는, 비합리적인 편견의 표현이다. 만일 내가 이런 글을 쓴다면 사람들이 무슨 말을 할지 생각해보라. "성경의 구성물의 일부가 명백히 불합리함에도 불구하고 … 성경적 공동체가 근거 없는 바로 그런 이야기들을 관용함에도 불구하고, 내가 성경

---

44. *New York Review of Books*, 9 January, 1997.

의 편을 드는 이유는 사전에 … 유신론에 헌신했기 때문이다.” 나는 분명히 조롱을 받을 것이다. 마땅히 받을 만하다.[45]

성경이 하나님과 인생에 관한 진리를 말한다는 견해를 취하기 위해 우리가 굳이 그렇게 할 필요는 없다. 사실 신약성경에 따르면, 증거가 이끄는 곳이면 어디든지 따라간다는 합리적 원칙이야말로 우리를 기독교 신앙이 옳다는 믿음에 이르게 해주는 바로 그 길이다. 과학에 대한 신앙이 증거에 기초해 있듯이, 기독교 역시 증거에 기초를 둔 신앙이기 때문이다. 우리가 앞서 지적했듯이 사도 요한은 이렇게 말했다.

예수께서 제자들 앞에서 이 책에 기록되지 아니한 다른 표적도 많이 행하셨으나, 오직 이것을 기록함은 너희로 예수께서 하나님의 아들 그리스도이심을 믿게 하려 함이요, 또 너희로 믿고 그 이름을 힘입어 생명을 얻게 하려 함이니라. (요한복음 20:30-31)

요한은 예수께서 행한 많은 기적을 기록한다. 그는 그 기적들을 '표적'이라 부르는데, 그의 목적은 각 기적이 예수님

---

45. 그런데 나는 이와 같은 글을 결코 쓰지 않겠다. 거짓일 테니 말이다!

95

이 누군지를 알려주는 더 깊은 뜻이 있음을 보여주는 것이기 때문이다. 요한이 그의 복음서에 그 기적들을 다함께 수집한 목적은 가장 회의적인 독자들조차 예수께서 하나님의 아들, 곧 그리스도이고 믿음을 통해 누구나 그의 이름으로 생명을 얻을 수 있다고 그들을 설득하기 위해서였다.

예수가 인간이 된 하나님이고, 세상의 빛이고, 진리이고, 생명의 떡이고, 선한 목자이며, 부활이자 생명이라는 주장은 너무나 엄청나서 누구든지 그런 주장을 믿으려면 타당한 증거가 필요할 것이다. 요한이 제공하는 것이 바로 그 증거이다. 그의 복음서는 예수께서 강력한 논리적인 주장을 하며 청중들의 이성에 호소하는 모습으로 가득 차 있다. 예컨대, 예루살렘에서 어떤 사람들이 그에게 "아브라함이 우리의 조상이다"라고 말하자, 그는 날카롭고 예리한 논리로 대답했다.

너희가 아브라함의 자녀라면, 아브라함이 한 일을 하였을 것이다. 그러나 지금 너희는, 너희에게 하나님에게서 들은 진리를 말해 준 사람인 나를 죽이려고 한다. 아브라함은 이런 일을 하지 않았다. (요한복음 8:39-40, 새번역)

예수의 청중은 그들 자신이 순전한 진실과 논리에 의해 두들겨 맞았다는 사실을 인식했기에 유일한 수습책은 돌을 집어 들고 그에게 던지는 것이었다. 슬프게도 이런 전술은 오늘까지 이어지고 있다.

이와 마찬가지로, 크리스천은 본인이 품은 희망에 대한 이유를 묻는 이들에게 자신이 믿는 바를 현명하게 변호할 준비를 항상 갖추고 있어야 한다.[46]

나는 이런 얘기를 계속 할 수 있지만, 만일 당신이 요한복음을 읽으며 예수께서 그의 메시지를 전달하려고 사용한 여러 주장을 살펴본다면 이런 논점이 훨씬 설득력 있게 다가올 것이다. 그렇게만 한다면 기독교가 합리적인 신앙이라는 주장이 얼마나 타당한지 알게 되리라.

이처럼 과학과 성경 모두 합리적 주장의 중요성을 역설하기 때문에 나는 수학자이자 크리스천인 것을 매우 편안하게 여기는 것이다.

---

46. 베드로전서 3:15.

과학이 발달한 세계에서
성경을 진지하게 여길 수 있을까?

5장

독자들 중에 다수는 이 지점에서 나에게 이렇게 말할 것이다. "잠깐만. 성경의 주장들 중 일부는 과학에 의해 신빙성을 잃었는데, 당신은 정말로 성경이 이성과 논리적 주장으로 가득 차 있다고 주장할 수 있는가? 예컨대, 창조에 관한 성경의 주장을 생각해보라. 과학은 창조에 관해 얘기하지 않는 게 사실이 아닌가? 오히려 빅뱅에 관해 말하고 있다."

"설상가상으로, 당신이 만일 창조에 관한 성경 이야기를 문자적으로 받아들인다면, 결국 지구의 나이는 만 년도 안

되는 것으로 믿게 되고, 이는 과학이 지구의 나이에 관해 말하는 모든 것과 상충되지 않는가? 그러므로 우리가 당신의 말을 경청하길 원한다면, 성경을 그 논의에 끌고 오는 것이 실로 무의미하다."

여기서 나는 위험을 감수해야 할 것 같다. 나는 물론 당신이 내가 말하는 내용을 진지하게 여겨주길 바란다. 그리고 이왕 당신이 나를 여태까지 따라와서 적어도 하나님과 과학이 원수관계는 아니라는 생각을 품을 준비가 되었다면, 이제 내가 왜 그런 관계가 아닌지 설명할 테니 계속 내 글을 읽어가길 바랄 뿐이다.

우리 중 다수는 학교와 대학에서 과학을 진지하게 여기는 법을 배웠지만 고대 문헌을 진지하게 여기는 법을 배운 사람은 훨씬 더 적다. 그리고 우리가 성경과 같은 문서 모음집을 다루는 법을 모른다면 성경에서 과학과 상충된 점들을 쉽게 발견할 수 있다. 이제 당신은 과학에 관해 어느 정도 생각한 만큼, 지금은 당신이 최종 결론에 이르기 전에 과학적, 합리적 태도를 취해 그것을 성경에 관한 사고방식에 적용하기를 바란다.

하나님의 책 두 권

하나님이 한 권이 아닌 두 권의 책을 쓰셨다는 글을 쓴 사람은 종종 근대 과학의 아버지로 일컬어지는 프랜시스 베이컨(1561-1626) 경이다. 바로 성경과 창조세계이다.[47]

이에 비춰 우리는 자연을 해석하는 합리적인 과학적 활동과 성경을 해석하는 합리적인 신학적 활동을 잘 비교할 수 있다. 우리에게 두 세트의 '자료들'이 있다. 첫째 세트는 자연을 연구해서 얻는 정보이고, 둘째 세트는 성경을 연구해서 얻는 정보이다. 우리 모두 성경은 해석이 필요하다는 점에 다 동의하겠지만 자연 역시 해석이 필요하다는 점은 알지 못할 것이다.

이 유명한 예를 들어보자. 주전 3세기에 그리스 철학자 아리스토텔레스는 지구가 우주의 중심에 고정되어 있고 해와 별과 행성들이 그 주위를 돌고 있다고 가르쳤다.[48] 이 고정된 지구관이 오랜 세월을 지배했다(그리고 2장에서 논의한 갈릴레오의 문제를 일으킨 원인이었다). 어쨌든 그 견해는 보통 사람들

---

47. Francis Bacon, *The Advancement of Learning.* goo.gl/svchM1.
48. 종종 톨레미 시스템으로 불린다.

에게 매우 타당해 보였다. 왜냐하면 해는 뜨고 지며 지구 주위를 돌고 있는 듯이 보이니까. 만일 지구가 움직인다면, 왜 우리는 우주로 내던져지지 않는가? 만일 지구가 빨리 회전하고 있다면, 어째서 공중으로 똑바로 던진 돌이 똑바로 떨어지는가? 왜 우리의 동작과 반대방향으로 우리 얼굴에 부딪히는 강한 바람을 느끼지 못하는가? 지구가 움직인다는 생각은 실로 불합리하지 않은가?

이 고정된 지구 해석은 또한 성경이 말하는 바와 잘 어울리는 듯했다.

주께서 땅에 기초를 놓으사 영원히 흔들리지 아니하게 하셨나이다. (시편 104:5)

더 나아가, 성경은 지구가 고정되었다고 가르칠 뿐 아니라 해가 움직인다고 분명히 말하는 듯이 보였다.

해는 뜨고 해는 지되 그 떴던 곳으로 빨리 돌아가고. (전도서 1:5)

1543년에 천문학자 니콜라스 코페르니쿠스는 유명한 책,

『천체의 회전에 관하여』를 출판했는데, 거기서 지구와 행성들이 해 주위를 돌고 있다는 견해를 피력했다. 프로테스탄트와 가톨릭교도는 똑같이 이 새로운 과학 이론에 의문을 제기했다.

종교개혁자 마르틴 루터는 여호수아가 지구가 아닌 해에게 멈추라고 했었다고 즉흥적으로 말했다.[49] 존 칼빈 역시 지구는 고정되어 있다고 믿었다.

천체는 끊임없이 빨리 움직이고 있는데, 지구는 무슨 수단에 의해 스스로 부동자세를 유지하는지, 신적 조물주가 그것을 고정하고 세우지 않았던가?[50]

1632년에는 갈릴레오가 아리스토텔레스식 견해에 대한 코페르니쿠스의 도전을 더욱 강화시켰다. 당시에 발생한 일을 우리는 알고 있다. 갈릴레오가 옳은 것으로 판명되었고, 이 책을 읽는 사람은 누구나 지구가 그런 의미에서 고정되

49. *Science and Religion* (Cambridge, University Press, 1991), p 96.

50. John Calvin, *Commentary on the Book of Psalms Vol. IV* (Grand Rapids, Eerdmans, 1949), p 6-7.

어 있지 않은 것으로 받아들이리라.

그 상황에 대해 생각해보라. 오랜 세월 모든 사람이 고정된 지구 이론에 동의했다. 그런데 갈릴레오가 그 이론에 도전했고, 이후 고정된 지구론자의 수가 줄어들고 움직이는 지구론자의 수가 늘어나다 마침내 지금은 절대 다수가 지구가 해와 고정된 별들에 비해 움직인다고 주장하는 자연관을 받아들이고 있다.

그러면 이것은 지구가 고정되어 있다고 말하는 성경과 정면으로 충돌하는가?

만일 당신이 "땅에 기초를 놓으사 영원히 흔들리지 아니하게 하셨나이다"란 진술을 문자주의적 차원에서 해석해야 한다고 고집한다면, 그 대답은 "그렇다"이다. 그러나 꼭 그렇게 해석해야만 하는가? 일부 크리스천들은 "그렇다, 모든 성경을 문자적으로 해석해야지 그렇지 않으면 그 권위를 손상시키게 된다"고 주장할 것이다. 성경을 보호하고 싶은 그들의 열망은 이해할 수 있지만, 참되지 않은 말로 성경을 보호할 수는 없는 법이다. 예컨대, 이스라엘은 '젖과 꿀이 흐르는 땅'[51]이라는 진술을 생각해보자. 이 진술을 당신은 문자

---

51. 신명기 31:20.

적으로 받아들여 실제로 그 땅을 가로지르는 젖과 꿀의 끈적끈적한 큰 강이 있다고 해석하는가? 물론 그렇게 해석하지 않는다. 이는 은유적인 표현이다. 젖과 꿀은 문자 그대로지만, '흐른다'는 단어는 그 땅은 목초와 꿀과 유제품이 풍부하다는 사실을 생생하게 표현하기 위한 은유이다. 하지만 '흐른다'는 은유가 진실한 그 무엇, 즉 문자적인 번영을 상징한다는 점도 주목하라.

일상 언어는 그런 은유들로 가득 차 있다. 만일 당신이 나에게 다렌이 새로운 스포츠카로 날아다니고 있다고 말했다면, 나는 '날아'를 문자적으로 해석하지 않고 (문자적으로) 매우 빠르게 운전하고 있음을 은유적으로 표현한 말로 해석할 것이다. 이 진술은 한 차원에서는 문자적이나 다른 차원에서는 문자적이지 않다. 여기서 다시 한 번, 은유가 진실한 그 무엇을 상징하고 있음을 보게 된다.

바로 여기서 많은 혼동이 일어난다. 우리를 오도하는 것은 '문자적'이란 단어의 사용이다.

문자적으로 은유적인

이 문제는 매우 중요해서 또 다른 예를 들려고 한다. 예수님이 "나는 문이다"라고 말씀하셨다(요한복음 10:9). 우리는 그 말씀을 문자적으로 (또는 문자주의적으로) 받아들이는가? 물론 그렇지 않다. 왜 그러면 안 되는가? 왜냐하면 우리는 세상 경험상 나무, 금속, 그리고 다른 재료들로 만든 문이 어떤 모양인지 알기 때문이고, 예수님은 그런 문들 중 하나가 아님이 분명하다. 그것은 하나의 은유이다. 하지만 그것은 진실한 그 무엇에 대한 은유라고 우리는 강조한다. 예수님은 진정한 문이다. 하나님에 대한 생생한 경험으로 이끄는 실제적인 출입구라는 뜻이다.

우리가 과학, 하나님과 성경에 관해 성숙한 논의를 하려면 두 가지 사항을 받아들여야 한다.

• 성경은 모든 문헌과 담화처럼 은유와 고도의 그림 언어로 가득 차 있다.

• 은유는 진실한 그 무엇을 상징한다. 헷갈리게도, 우리는 '자연스러운 독법으로'란 뜻으로 말할 때에도 종종 '문자적인'이란

단어를 사용한다.

이제 본론으로 돌아가자. 과거에 우리 주변의 세상에 대한 경험이 지구가 기하학적으로 고정되었다는 관념과 잘 들어맞았던 시대가 있었다. 그러나 우리의 경험이 더 깊어졌고, 이제 우리는 지구가 문자적인 의미에서 고정되어 있지 않다는 것을 안다. 또한 시편이 매우 시적인 책이란 것도 알고 있다. 그러므로 우리는 지구가 '고정되어' 있다는 시편 기자의 진술(은유적 표현)을 합리적으로 해석할 수 있을지 살펴볼 수 있다. 예컨대, 하나님이 기하학적 의미에서 지구를 고정시킨 게 아니라 그의 목적을 위해 지구를 고정시키되 지구에 다른 종류의 안정성을 부여했다는 의미로, 그래서 우리가 연속되는 계절 – '파종기와 수확기' – 에 의지할 수 있게 되었다는 뜻으로 해석할 수 있다.

지구의 움직임과 관련해, 성경 본문이 고정된 지구를 지지한다고 이해할 수도 있지만 합리적 대안이 있다는 것을 우리는 이제 알 수 있다. 이는 문자주의적 해석을 완강하게 고집해서 과학적 발견과 인위적으로 충돌하지 않고 성경을 이해할 수 있게 한다. 우리는 성경에서 과학을 배우지 않고 또 그런 것을 기대하지도 않는다. 나는 성경에서 수학을 배운 적이 없다. 하지만 성경이 물리적 우주에 관해 할 말이 전혀 없다고 생각하는 것은 잘못이다. 예컨대, 창세기의 첫 진술은 "태초에 하나님이 천지를 창조하셨다"는 것이다. 이는 물리학자와 화학자가 연구하는 바로 그 하늘과 땅에 관한 진술이다.

그뿐만 아니라 성경과 과학은 우주에 기원이 있었다는 것에도 동의한다. 우주론적 관점에서 보면, 기원의 개념이 20세기에 등장했다는 사실은 참으로 놀랍다. 그 시점에 이르기까지는 아리스토텔레스의 견해인 "우주는 영원하다"가 유럽 사상을 지배해왔다. 아이러니한 사실은 성경이 오랫동안 기원이 있었다고 말해왔었다는 것이다. 천체 물리학이 그 진술을 따라잡는데 실로 오랜 시간이 걸린 것이다! 그리고 내가 과학자, 철학자, 신학자들의 국제 학회에서 주장했듯이, 만일 과학자들이 더 일찍이 성경적 관점을 진지하게 여겼더라면 기원의 증거를 더 일찍 찾았을 법하다.

우주의 기원들

아인슈타인의 이론들에 기초해 시공간에 시발점이 있었다고 처음 주장한 사람은, 하나님을 믿던 벨기에의 사제 조르주 르메트르(Georges Lemaitre)였다. 그 시발점을 농담 삼아 '빅뱅'이라 부른 인물은 자신은 그것을 믿지 않았던 우주학자 프레드 호일 경이었다. 하지만 시발점의 과학적 증거가 꾸준히 늘어났다. 은하에서 오는 빛의 적색 이동, 팽창하는 우주, 그리고 우주배경복사는 모두 우주가 시공간 상의 단일한 점에서 한 순간 존재하게 되었다고 보는 오늘날의 지식에 기여했다. 우리는 현재 이런 뛰어난 관찰에 기반을 둔 우주론의 표준 모델을 갖고 있다.

그런데 빅뱅 설명은 창조 설명과 상충되지 않는가?

전혀 그렇지 않다. 빅뱅은 아예 설명이 아니기 때문이다. 그것은 단지 과거에 시발점이 존재했다고 말하는 꼬리표일 뿐이다. 빅뱅은 우주가 최초에 어떻게 존재하게 되었는지에 대해 아무것도 말하지 않지만, 성경은 우주의 이유를 제공하고 있다. 하나님이 우주를 창조했다고 말한다. 즉 하나님이 일으킨 시발점이 있었고, 그 시발점을 빅뱅이라 불러도 무방하다. 그것은 하나님이 일으킨 빅뱅이었다.

그러나 과학은 우주의 나이에 있어서 성경과 상충되지 않는가?

과학은 우주의 기원을 백삼십팔억 년 전으로 잡고 있는데, 창세기 1장에 대한 일부 해석은 매우 최근의 과거로 추정한다. 따라서 곧바로 성경을 포기해야 하지 않을까? 여기서의 갈등은 성경과 과학 간의 문제가 아니라 특정한 성경 해석과 과학 간의 문제이다.

크리스천들은 창세기의 앞부분과 물리적 세계 간의 정확한 관계에 대해 다양한 견해를 갖고 있다. 나는 성경이 실제로 말하는 바를 자세히 고찰해서 나름대로 이렇게 풀어보았다. 창세기 1:1-2:3을 세 부분으로 나눌 수 있다. 그 내용을 도표로 그리면 이렇다.

하늘과 땅의 창조에 관한 진술(창세기 1:1-2)

육 일에 걸친 하나님의 창조 및 조직 활동,
인간을 그분의 형상으로 창조하심(절정)(창세기 1:3-2:1)

제 칠일에 하나님 안식하심 ─ 안식일(창세기 2:2-3)

이 3부 구조에서 최초의 창조 행위는 그에 뒤따라오는 육 일간의 창조로부터 분리되어 있다. 창조의 날들에는 명백한 패턴이 있다. 하루하루는 "하나님이 이르시되…"로 시작해 서 "저녁이 되고 아침이 되니 이는 (몇)째 날이니라"로 끝난 다. 그 텍스트가 첫째 날은 1절이 아니라 3절로 시작된다고 말하는 것으로 나는 이해한다. 원문을 보면 창세기 1장 1절 에 나오는 '창조했다'는 동사가 완료 시제로 되어 있기 때문 이다. 이는 '줄거리가 시작되기 전에 일어난 사건'을 가리킨 다.[52] 내러티브 시제의 사용은 3절에서 시작된다.

이는 흔히 해석하듯이 창세기 1장 1절의 '태초에'가 반드 시 첫째 날에 일어난 것은 아니라는 뜻이다. 최초의 창조는 첫째 날 이전에 일어난 사건이었을 수 있다. 그러나 얼마나 오래 전이었는지는 창세기가 말해주지 않는다.

이는 지구와 우주의 나이에 대한 질문은 날들의 해석과 는 별개의 문제임을 의미한다. 그런데 이는 이 문제를 둘러 싼 뜨거운 논쟁이 자주 간과하는 점이다. 달리 말하면, 모든 과학적 고려사항과 상관없이, 우리는 우주의 나이를 불확정

---

52. C. John Collins, *Genesis 1-4* (P&R publishing, 2012), p 51.

한 상태로 두고 창세기 1장 1절을 읽을 수 있다.[53] 그러므로 성경적인 관점에서 볼 때 오늘날의 과학적 연대 결정에 대한 원칙적인 반론은 없다고 나는 믿는다. 이처럼 언어와 문법을 면밀히 살펴보면 과학과 성경 해석 간의 불필요한 충돌을 피할 수 있는 것이다.

우리 모두에게 필요한 것은 두 권의 '책들'을 모두 더 잘 읽는 독자가 되는 일이다. 과학은 의미와 가치와 목적을 설명하는 일에는 한계가 있음을 우리가 알고, 성경 텍스트를 읽되 그 뜻을 신중하게 숙고하는 것이 필요하다.

그런데 유신론적 세계관을 배척하는 이들이 하나님에 대한 믿음에 대해, 특히 성경의 내용에 대해 이의를 제기하는 중요한 영역이 있다, 바로 기적이다.

---

53. 창세기의 앞부분에 대한 나의 이해를 알고 싶으면 나의 책, *Seven Days That Divide the World*를 읽으라.

기적 : 지나친 상상인가?

6장

어떤 독자들은 이런 반론을 제기할 수 있다. "이제까지는 좋다. 우리가 다른 문헌에 적용하는 것과 똑같은 평가 기준을 성경에 적용하는 것은 합리적인 듯이 보인다. 하지만 우리가 어려운 구절들을 은유적인 것으로 간주하기만 하면 성경을 과학과, 또는 과학을 성경과 쉽게 조화시킬 수 있다고 말할 작정인가?"

정당한 반론이다. 예컨대 내가 앞서 언급했듯이, 성경의 핵심 주장들 중 하나는 예수 그리스가 죽은 상태에서 일어났다는 것이다. 이것을 역사상의 사건으로 여겨야 할까? 만일 그렇다면, 그것은 분명히 초자연적인 사건이었고, 하나님의 존재를 부인하는 사람은 상호배타적인 대안들 간에 선택을 내려야 할 것이다. 기적의 가능성을 믿든지, 아니면 자연법칙들에 대한 과학적 이해를 믿어야 한다. 둘 다 믿을 수는 없다. 리처드 도킨스는 자기 생각을 이렇게 확고하게 표현한다.

19세기는 교육받은 사람이 태연히 동정녀 탄생 같은 기적을 믿는다고 시인하는 일이 가능했던 마지막 시대였다. 압력을 받으면, 많은 교육받은 크리스천들은 너무 충성스러워서 동정녀 탄생과 부활을 부인하지 못한다. 그러나 그들의 합리적 지성은 그것이 불합리하다는 것을 알기 때문에 당혹스러워하고 차라리 그런 질문을 받지 않길 바란다.[54]

도킨스는 계몽주의 철학자 데이비드 흄의 유명한 주장, 즉 "기적은 자연법칙의 위반이다"라는 주장을 반영하고 있다.

하지만 그 문제는 흄이나 도킨스가 생각하듯 그리 단순

---

54. *The God delusion*(Black Swan), p187.

하지 않다. 도킨스에게 동의하지 않는 매우 지성적이고 저명한 과학자들이 있다. 예를 들면, 1998년 노벨물리학상을 받은 윌리엄 필립스, 케임브리지의 양자 물리학자이자 왕립학술원 회원인 존 폴킹혼 교수, 영국 기상청의 전 청장이자 기후변화에 관한 정부 간 협의체 대표인 존 호튼 경, 현 국립보건원 원장이자 인간 게놈 프로젝트의 전 대표였던 프랜시스 콜린스 등이다. 이 뛰어난 과학자들은 기적에 대한 반론들을 잘 알고 있다. 그럼에도 불구하고, 각 사람은 공개적으로, 태연히 또는 불합리하다는 생각이 없이, 초자연에 대한 믿음, 특히 그리스도의 부활에 대한 믿음을 고백한다. 그리고 나처럼 그리스도의 부활을 기독교 세계관이 진리임을 입증하는 최고의 증거로 간주한다.

방금 언급한 과학자들 중 하나인 프랜시스 콜린스는 기적의 문제에 관해 현명한 경고를 한다.

기적일 가능성이 있는 사건을 해석할 때 건전한 회의론을 적용하는 것이 매우 중요하다. 종교적 관점의 정직성과 합리성이 의문시되지 않게 하기 위해서다. 기적의 가능성을 단단한 유물론보다 더 빨리 없앨 유일한 것은 자연적인 설명을 손쉽게 구할

수 있는 일상적인 사건을 기적으로 주장하는 일이다.[55]

이 때문에 우리는 8장에서 예수의 부활에 초점을 맞추게 될 것이다. 부활의 기적이야말로 기독교를 움직이는 것이고 기독교의 핵심 메시지이다. 사실 사도의 기본 자격이 부활의 증인이어야 한다는 것이었다.[56] 부활이 없으면 한 마디로 기독교의 메시지도 없다. 사도 바울은 "그리스도께서 살아나지 않으셨다면, 우리의 선포도 헛되고, 여러분의 믿음도 헛될 것입니다"[57]라고 쓴다.

자연법

현대 과학의 관점과 자연법 사상을 다시 한 번 상기해 보자. 과학적 법칙들은 원인-결과 관계를 구현하기 때문에 오늘날 과학자들은 그 법칙들이 단지 과거에 발생한 일을 묘사하는 능력만 있다고 간주하지 않는다. 우리가 양자

---

55. *The Language of God* (Simon & Schuster UK, 2007), p 51-52.

56. 사도행전 1:22.

57. 고린도전서 15:14(새번역).

(quantum) 수준에서 일하고 있지 않다면, 그런 법칙들을 사용하여 장래에 일어날 일을 정확하게 예측할 수 있다. 예컨대, 통신 위성의 궤도를 정확하게 계산할 수 있어서 달과 화성 착륙이 가능하다. 그러므로 많은 과학자는 우주가 인과의 닫힌 체계라고 확신한다.

이에 비춰보면, 어떤 신이 제멋대로 자연법을 간섭하고, 바꾸고, 중단시키고, 역전시키고, 또는 '위반할' 수 있다는 사고방식에 대해 그들이 분개하고 배척하는 것을 이해할 수 있다. 그들의 눈에는 그런 사고방식이 자연법의 불변성과 상충되는 듯이 보이고, 따라서 우리의 과학적 우주관의 기반을 뒤집는 것처럼 비친다.

그들의 첫째 반론은 데이비드 흄에게서 나온 것으로, 기적에 대한 전반적인 믿음, 특히 신약성경의 기적들에 대한 믿음은 사람들이 자연법에 무지해서 쉽게 기적 이야기를 받아들였던 원시적인, 과학 이전 문화에서 생겼다는 것이다. 이런 설명이 지닐 만한 애초의 개연성은 부활과 같은 신약의 기적들에 적용되면 금방 사라지고 만다. 잠시만 생각해 봐도, 어떤 사건을 기적으로 인식하려면 그 사건을 분명한 예외에 속하게 하는 규칙성이 반드시 있어야 한다! 당신이 정상적인 것이 무엇인지 모른다면 비정상적인 것을 인식할 수 없는 법이다.

이 점은 오래 전에도, 사실 신약성경 문헌이 집필될 때에도 잘 이해되고 있었다. 흥미롭게도, 당시 의학 교육을 받은 의사였던 역사가 누가가 바로 이 문제를 제기한다. 기독교의 발흥에 대한 그의 이야기에 따르면, 예수 그리스도의 부활에 관한 메시지에 대한 최초의 반대는 무신론자들이 아니라 유대교의 대제사장들이 제기했다고 한다. 그들은 사두개파에 속한 매우 종교적인 인물들이었다. 그들은 하나님을 믿었다. 기도를 했고 성전에서 의식을 수행했다. 그럼에도 불구하고, 그들이 예수가 죽은 상태에서 살아났다는 주장을 들었을 때 그 메시지를 믿지 않았다. 예수 그리스도는 물론이고, 인간이 몸으로 부활할 수 있는 가능성 자체를 부인하는 세계관을 수용했기 때문이었다.

기독교가 과학 이전의, 쉽사리 믿는, 무지한 세상에 태어났다고 생각하는 것은 사실과 다르다. 고대 세계는 죽은 몸은 무덤에서 일어나지 않는다는 자연법을 우리만큼 잘 알고 있었다. 기독교는 순전히 한 사람이 실제로 죽은 상태에서 살아났다는 증거 때문에 번창했던 것이다.

기적에 대한 둘째 반론은 이제 우리는 자연법이 있다는 것을 알고 기적들을 설명할 수 있으니 기적은 불가능하다는 것이다. 이것이 흄의 유명한 반론이다. 하지만 나는 이 반론이 타당하다고 생각하지 않는다. 예를 들어보자.

이번 주에 내가 책상 서랍에 십 파운드를 넣었다고 가정해보자. 다음 주에 이십 파운드를 더 넣었다. 그 다음 주에는 또 십 파운드 지폐를 더한 뒤 서랍을 닫고 잠갔다. 산술 법칙은 나에게 다음번에 서랍을 열면 사십 파운드를 발견할 것이라고 예측하게 해준다.

그런데 내가 다음에 서랍을 열었을 때 십 파운드짜리 지폐 한 장만 눈에 띄었다고 가정하자. 나는 어떻게 결론을 내릴까? 산술 법칙이 깨어졌다고? 물론 아니다! 어떤 도둑이 산술 법칙이 아니라 이 땅의 법을 깨고 서랍에서 삼십 파운드를 훔쳤다고 결론 내리는 편이 더 합리적일 것이다. 하지만 산술 법칙의 존재가 그런 도둑의 존재 또는 그의 개입 가능성을 믿는 것을 불가능하게 한다고 주장하는 것은 우스운 일이다. 사실은 이와 정반대다. 이런 법칙들의 정상적인 작동 때문에 우리는 도둑의 존재와 그의 활동을 믿게 되는 것이다.

자연법이란 무엇인가?

이 예화는 또한 '법'이란 단어의 과학적 용도가 법적인 용도, 즉 우리가 흔히 누군가의 행동을 규제하는 것으로서의 법과 똑같지 않다는 점을 상기시켜준다. 위의 예화에서 산술 법칙이 그 도둑을 규제하거나 압력을 가한다는 의미는 전혀 없다. 뉴턴의 중력 법칙은 내가 사과를 떨어뜨리면 그것이 지구 중심을 향해 떨어질 것이라고 말해준다. 그러나 그 법칙은, 사과가 떨어질 때 누군가 개입해 그 사과를 붙잡지 못하게 막지는 않는다. 달리 말해, 그 실험이 수행될 때의 조건에 변화가 없다면, 그 법칙은 무슨 일이 일어날지 예측해준다.

그러므로 유신론적 관점에서 보면, 자연 법칙은, 만일 하나님이 개입하지 않으면, 무슨 일이 일어나게 될지를 예측해준다. 자연법이 우리로 하여금 하나님의 존재와 그의 개입의 가능성을 믿는 것을 불가능하게 만든다고 주장하는 것은 명백한 오류이다. 이는 마치 제트 엔진의 법칙을 이해하면 그런 엔진의 설계자가 개입해서 팬을 제거할 수 있다고 믿는 것이 불가능하다고 주장하는 것과 같다. 물론 설계자는 개입할 수 있다. 더욱이 그의 개입은 그런 법칙을 파괴하지 않을 것이다. 그 엔진이 어째서 제자리에 있는 팬과 함께 작동했는지 설명해주는 바로 그 법칙이 이제는 그것이 어째서 팬이 제거된 상태에서는 작동하지 않는지 설명해줄 것이다.

그러므로 기적이 자연법을 "위반한다"고 주장했던 데이비드 흄은 틀렸다. 우리는 인간이 어떤 자연적 메커니즘에 의해 죽은 상태에서 다시 살아나지 않는다는 것이 자연의 법칙이라고 말할 수 있다. 그러나 크리스천들은 그리스도가 그런 메커니즘에 의해 죽은 상태에서 살아났다고 주장하는 것이 아니다. 이 논점은 매우 중요하다. 크리스천들은 예수가 초자연적 능력에 의해 죽은 상태에서 살아났다고 주장한다. 자연법은 그 자체로 그런 가능성을 배제시킬 수 없다. 기적이 발생할 때 우리에게 그것이 기적이란 사실을 알리는 것이 자연의 법칙이다.

크리스천들은 자연 법칙들을 부인하지 않는다. 그와 반대로, 그들은 자연 법칙을 창조주가 우주에 내장하신 규칙성과 인과관계에 대한 묘사로 간주한다. 그래서 우주는 그 법칙들에 따라 정상적으로 움직이는 것이다. 만일 우리가 그 법칙들을 모른다면, 비록 기적을 보더라도 그것이 기적인지 인식하지 못할 것이다. 기독교적 견해와 하나님의 존재를 부인하는 세계관의 중요한 차이점은 크리스천들은 이 우주가 원인과 결과의 닫힌 체계라고 믿지 않는다는 것이다. 그들은 우주가 창조주 하나님의 원인제공 활동에 열려있다고 믿는다.

누구든지 창조주 하나님의 존재를 인정한다면, 바로 그 창조주가 자연의 경로에 개입하는 일에도 열려있을 수밖에 없다. 자신이 창조한 우주에 개입할 수 없거나 개입해서는 안 되거나 감히 개입하지 않는 그런 무기력한 창조주는 없다. 따라서 기적은 일어날 수 있는 것이다.

더 큰 문제: 악과 고통

과학자들을 포함해 많은 사람이 악과 고통의 존재를 매우 큰 문제로 삼는다는 사실을 나는 잘 알고 있다. 그들은 이렇게 말한다. "이 세상의 사건에 개입할 수 있는 하나님이 존재한다는 당신의 주장이 옳다면, 왜 그분은 그 무엇보다 더 절박한 이슈인 악과 고통의 문제를 다루기 위해 개입하지 않는가?"

많은 동료 과학자들도 나에게, 우주 배후의 초자연적 지성의 증거가 있을지 몰라도 배려하는 인격적 하나님에 대해서는 얘기하지 말라고 말하곤 했다. 자연 재해는 말할 것도 없고 끝없는 폭력과 악이 난무하는 세상은 그와 정반대의 사실을 입증하지 않는가? 말하자면, 그들을 하나님에게서 멀어지게 하는 것은 과학이 아니라 고통이라는 것이다. 이는 하나님을 그 방정식에서 제거해도 우리가 궁극적 해결책에 대한 희망이 없이 그 문제를 그대로 안게 되는 것을 생각하면 좀 이상해 보인다.

이것은 하나님을 믿는 우리가 직면하는 가장 심오한 문제들 중 하나라는 것을 나도 시인한다. 이 작은 책은 이 문제를 철저하게 다룰 수 없는 지면상의 한계가 있다. 나의 응답에 관심이 있다면 내가 데이비드 구딩 교수와 함께 쓴 책을 참고하기 바란다.[58] 여기서는 기독교 세계관과 특히 예수의 가르침이 고통과 악의 실재뿐 아니라 하나님이 이 문제를 풀기 위해 행하신 일과 행하고 계신 일에 관해서도 실질적이고 설득력 있게 다루고 있다고 말하는 것으로 충분하

---

58. *Suffering Life's Pain: Facing the Problems of Moral and Natural Evil* (Myrtlefield House, 2018).

다. 이 문제에 대한 기독교의 응답은 고통을 당하는 이들에게 희망과 위로를 주고, 이런 특징은 하나님의 개념을 완전히 배격하는 세계관에서는 찾기 어려운 것이다.

우리는 앞서 인간 이성의 존재가 초자연의 증거임을 살펴보았다. 그러므로 기적이 일어났을 가능성에 대해 열려있는 편이 매우 합리적이다. 부활과 같은 구체적인 기적이 실제로 일어났는지 여부는 이제 철학적 질문이 아니라 역사적 질문이고, 증언과 증거에 달려있다. 그 증거는 주로 신약성경에 실려 있는 만큼 이제 그쪽으로 눈을 돌려보자.

신약성경은 믿을 만한가?

7장

우리가 예수의 부활을 입증하는 증거를 살펴보기 전에 그 사건이 주로 실려 있는 문헌, 곧 신약성경의 신빙성에 관해 질문할 필요가 있다. 신약성경에 대한 대중적인 견해는 무척 다양하다. 예컨대, 많은 사람이 사복음서에 기록된 예수라는 역사적 인물의 존재를 가끔 부인하는 모습을 보면 놀라지 않을 수 없다.

그런 문제들에 관한 전문가는 고대의 역사가들이고, 공정하려면 우리가 그들의 말을 경청해야 한다. 그들이 크리스천이든 아니든 상관없이, 그들 사이에는 예수의 존재와 예수가 행한 일과 관련해 주목할 만한 여론이 형성되어 있다.

예를 들어, 역사적 예수에 관한 한 케임브리지 대학교 교재의 저자인 크리스토퍼 터켓(Christopher Tuckett)은 그 증거에 관해 이렇게 말한다.

이 모든 것은 적어도 예수의 존재 자체를 기독교의 허구로 취급하는 모든 무리한 이론들을 무척 받아들이기 어렵게 한다. 예수가 존재했다는 것, 그가 (무슨 이유로든) 본디오 빌라도에 의해 십자가에 처형되었다는 것, 그의 대의를 계속 지지했던 일단의 추종자들이 있었다는 것은 역사적 전통의 기반의 일부인 듯 보인다. 최소한 비기독교적 증거가 그 점에 관해서는 우리에게 확실성을 제공할 수 있다.[59]

신약성경에 관해 말하자면, 많은 사람의 견해가 터무니없는 음모론에 기초해 있는 것 같고, 그들은 신약성경 텍스트의 신빙성을 지지하는 증거가 얼마나 탄탄한지 모르고 있는

59. "Sources and Methods" in *The Cambridge Companion to Jesus* (Cambridge University Press, 2001), p 124.

듯하다. 신약성경 텍스트는 믿을 수 없다거나 그 주장보다 훨씬 후대에 날조되었다거나 허위 문건이라는 흔한 견해들은 진지한 조사를 하면 무너질 수밖에 없다.

사본

첫째, 우리는 현재 방대한 수의 사본들을 갖고 있다. 원어인 그리스어로 된 신약성경의 사본은 부분과 전체를 합치면 거의 육천 개나 되고, 초기에 라틴어, 시리아어, 콥트어, 아라비아어 등 여러 언어로 번역된 사본은 만팔천 개가 넘는다. 이에 덧붙여, 초기 교부들이 2세기와 4세기 사이에 신약성경을 인용한 것만 해도 수천 개에 달한다. 따라서 설사 우리가 모든 신약성경 사본을 잃어버린다 해도 이런 인용문만으로도 신약성경의 상당 부분을 복원시킬 수 있다.

이 사본의 증거가 지닌 무게를 이해하려면 그것을 다른 유명한 고대 문헌의 증거와 비교해보면 된다. 예컨대, 로마 역사가 타키투스는 주후 116년경 『로마제국 연대기』를 썼다. 연대기의 처음 여섯 권은 주후 850년경에 필사된 단 하나의 사본만 남아있다. 7권에서 10권은 실종되었고, 11권에서 16권은 서른다섯 개의 사본이 있고 그 가운데 가장 빠른 것은 11세기의 것이다. 그런즉 사본의 증거는 매우 빈약하고, 원본의 편찬과 가장 빠른 사본 간의 시차가 칠백 년도 넘는다.

이와 대조적으로, 또 다른 로마 역사가 리비우스가 주전 20년경에 쓴 『로마의 역사』의 문헌적 증거는 거의 오백 개의 사본으로 이뤄져 있고, 가장 빠른 사본이 주후 4세기의 것이다. 가장 많은 문헌의 지지를 받는 고대 세속 작품은 호머의 『일리아드』(주전 800년경에 집필)로서 그 사본이 주전 415년경에서 시작해 모두 천구백 개가 넘는다. 호머의 책과 리비우스의 책은 모두 원본과 살아남은 가장 빠른 사본들 간의 시차가 사백 년이나 된다.[60]

여기서 짚을 주안점은 이런 문헌들의 경우 그 사본이 별로 없고 그 연대가 한참 뒤인데도 불구하고 학자들은 그것들을 원본의 진정한 재현으로 취급한다는 것이다. 이에 비해 신약성경은 고대 세계에서 나온 최상의 증거를 가진 문헌이다.

잘 알려진 일부 고대 사본들의 연대와 그 원본들 간의 시

---

60. J. and S. McDowell, *Evidence That Demands a Verdict* (Harper Collins, 2017), p 55-60.

차가 상당히 길다는 것을 이미 언급했다. 이와 대조적으로, 일부 신약 사본들은 바로 그 전성기에 속해 있다. 보드메르 파피루스(스위스 콜라니 소재 보드메르 자료실에 있는)는 주후 200년으로 추정되는 요한복음의 삼분의 이가량을 담고 있다. 또 다른 3세기 파피루스는 누가복음과 요한복음의 일부를 담고 있다. 가장 중요한 사본은 아마 1930년에 발굴되어 현재 아일랜드 더블린에 있는 체스터 비티 박물관에 소장된 체스터 비티 사본일 것이다. 파피루스 1권은 3세기의 것으로 사복음서와 사도행전의 일부를 담고 있다. 파피루스 2권은 바울의 편지 여덟 편의 상당 부분과 히브리서의 일부를 담고 있으며 주후 200년경의 것으로 추정된다. 파피루스 3권은 계시록의 대부분을 담고 있고 연대는 3세기로 추정된다. 이런 문헌의 연대는 가장 진보된 과학적 테크닉으로 추정한 것이다.

필사의 오류

그래도 많은 사람은 신약성경이 너무나 많이 필사되었기 때문에 믿을 만하지 않다고 주장한다. 이 생각은 근거가 없지 않다. 예컨대 주후 200년경에 쓰인 사본, 그래서 현재 천 팔백여 년이나 된 사본을 생각해보자. 그 사본이 애초에 필사한 사본은 몇 년이나 된 것이었는가? 우리는 물론 모른다. 그 사본이 필사될 때 앞의 사본이 이미 백사십 년이나 되었을 수 있다. 그렇다면 그 사본은 신약성경의 저자들 중 다수가 살아있을 때 쓰였던 것이다. 그런즉 신약성경 시대에서 오늘까지 단 두 단계만 거친 셈이다.

더욱이 대다수 사본에는 필사의 오류가 있는데 반해(기나긴 문헌을 손으로 필사할 때 약간의 실수는 불가피하다), 두 사본이 똑같은 실수를 담고 있는 경우는 없다. 그러므로 사본들을 비교해서 원본을 거의 재구성하는 일이 가능하고, 전문가들에 따르면, 그 텍스트의 2퍼센트 이하가 불확실하고 그 중에 상당 부분은 전반적인 뜻에 영향을 미치지 않는 사소한 언어적 특징이라고 한다. 더구나 어떤 신약의 가르침도 단 한 구절이나 한 마디에만 달려있지 않기 때문에 어떤 기독교 교리도 이런 사소한 불확실성 때문에 의심을 받지 않는다.

대영박물관의 관장이자 고대 사본에 관한 권위자인 프레더릭 케넌(Frederic Kenyon)은 그 상황을 요약해 이렇게 말했다.

신약성경의 사본들의 수, 신약의 초기 번역본의 수, 교회의 가장 오래된 저자들의 인용의 수가 너무나 커서 사실상 모든 의심스러운 구절의 참된 읽기가 이런저런 고대의 권위자들 가운데 보존되어 있는 것이 확실하다. 이는 다른 어떤 고대의 책에 대해서도 말할 수 없는 것이다.[61]

역사성과 관련해서는 누가복음과 사도행전의 저자인 누가가 뛰어난 고대 역사가였던 것으로 밝혀져 있다. 로마 역사가 A. N. 셔윈-화이트는 모든 출처가 한계를 갖고 있고 특정한 관점에서 나오는 것인데도 이렇게 인정했다.

사도행전의 경우 역사성을 확증해주는 것이 압도적으로 많다. … 세부적인 사안이라도 그 기본적인 역사성을 배격하려는 모든 시도가 지금은 분명히 터무니없게 보인다.[62]

---

61. *Our Bible and the Ancient Manuscripts* (Harper, 1958), p 55.

62. A. N. Sherwin-White, *Roman Society and Roman Law in the New Testament* (Clarendon Press, 1963), p 189. 보다 최근에 고전 학자가 비슷한 논점을 개진한 것으로는 Mark D. Smith, *The Last Days of Jesus* (Lutterworth, 2017)가 있다.

다음 단계

신약성경 텍스트에 관한 이런 말은 물론 그 문헌들의 내용이 옳다는 것을 '증명하진' 않는다. 그러나 예수에 관한 이런 내러티브들이 진지하게 여길 만한 진정한 역사적 문헌임을 입증해준다. 그것들을 우리의 시간이나 관심을 쏟을만한 가치가 없는 허구로 치부하는 입장은 증거가 이끄는 대로 따라가지 않는 것이다. 따라서 그동안 수행된 신약성경의 역사성에 관한 많은 연구를 참고하는 것이 중요하다.[63]

이제 우리는 기독교 메시지의 가장 중요한 부분을 검토하게 될 터인즉 기독교의 기반이 되는 문헌의 신빙성을 파악하는 일은 꼭 필요하다.

---

63. 예수에 대해 언급하는 많은 자료 중에는 네 권의 1세기 이야기들, 바울의 많은 편지들, 당시의 많은 사람과 사건을 묘사하는 요세푸스의 저술 등이 포함된다. 텍스트의 이슈에 관해 더 알고 싶으면 R. Stewart(ed.), *The Reliability of the New Testament* (Fortress, 2007)에 담긴 논의를 보라. 구전의 중요성에 관한 논의는 R. Bauckham, *Jesus and the Eyewitnesses*, D. Wenham, *Did St Paul Get Jesus Right?* (Lion, 2010)를 보라.

기독교를 반증하려면

8장

6장에서는 과학이 기적을 불가능하게 만들지 않는다는 점을 살펴보았다. 따라서 우리는 자유로이 기독교의 핵심에 있는 구체적인 주장, 즉 예수 그리스도가 죽은 상태에서 살아났다는 주장을 조사할 수 있게 되었다.

예수 그리스도의 부활과 관련해 가장 놀라운 점은 맨 처음부터 기독교 공동체의 지도자들은 복음 메시지의 타당성 전체를 부활 사건에 걸었다는 사실이다. 사도 바울은 이렇게 썼다.

그리스도께서 살아나지 않으셨다면, 여러분의 믿음은 헛된 것이 되고, 여러분은 아직도 죄 가운데 있을 것입니다 … 우리는 모든 사람 가운데서 가장 불쌍한 사람일 것입니다.(고린도전서 15:17, 19 새번역)

달리 말해, 부활을 반증해보라 그러면 기독교 전체가 한 줄기 연기 속으로 사라지리라. 관념이나 이론에 기반을 둔 다른 대다수 종교와 세계관들과 달리, 기독교는 이 단일한 역사적 주장에 기반을 두고 있어 반증이 가능하다는 것이다. 예수의 부활을 반증해보라. 그러면 기독교는 죽게 된다.

과학을 역사에 적용하는 것

부활은 유일무이한 과거 사건인 만큼 과학자들이 그런 사건에 어떻게 접근하는지 알 필요가 있다. 우리는 비공식적으로 두 종류의 과학이 있다고 말할 수 있다. 첫째는 학교에서 배운 종류, 즉 우리의 설명을 검증하기 위해 반복적인 실험을 사용하는 그런 과학이다. 이는 다른 누구라도 올바른 장비로 반복할 수 있는 실험을 말한다. 이 과정을 귀납법

(induction)이라 부른다.

하지만 그런 사고방식은 반복될 수 없는 사건들, 즉 1883 년의 크라카타우 산의 분화, 또는 공룡의 멸종, 또는 우주나 생명의 기원, 또는 부활과 같은 사건들을 연구할 때는 작동 하지 않는다. 무슨 일이 발생했는지 보기 위해 우리가 이 사 건들을 반복시킬 수 없기 때문이다.

이런 유일무이한 사건들의 경우에는 탐정 소설에 나오는 과학수사의 과정을 사용하게 된다. 명탐정 에르퀼 푸아로는 누가 살인했는지 보기 위해 살인 장면을 재상영할 수 없다. 그 대신 다음과 같이 진행되는 추론 과정을 이용한다.

- 만일 혐의자 A가 살인자였다면, 가령 X와 Y 같은 어떤 것들 이 따라올 것이다.
- 푸아로는 X와 Y를 관찰하고 혐의자 A가 잘 들어맞는다고 추론한다.
- 하지만 그는 또 다른 사실 Z를 알아채고, 그에 관해 생각한 후 A가 Z를 유발할 수는 없었다고 결론짓는다.
- 그런데 또 다른 혐의자 B가 있다. 만일 그녀가 살인을 했다 면, X, Y, 그리고 Z가 일어났을 것이다.

- 푸아로는 B가 A보다 더 나은 후보라고 추론한다.

결국 푸아로는 모든 사실에 부합하는 설명을 찾아내서 그 사건을 푼다. 이 과정을 귀추법(abduction), 즉 추론을 통한 최선의 설명이라 부른다. 이는 일상생활의 많은 영역에서 볼 수 있는 과정이다.

예수의 부활도 마찬가지다. 우리는 무슨 일이 발생했는지 보기 위해 그 사건을 반복시킬 수는 없다. 그래서 최선의 설명에 이르기 위해 추론하지 않으면 안 된다. 이제 그 과정을 밟으려고 한다.

우리가 고려할 측면은 다음 네 가지다.

1. 예수의 죽음

예수가 십자가에서 정말 죽지 않았다면 부활은 있을 수 없었다. 그러므로 예수가 실제로 죽었다는 점을 분명히 할 필요가 있다. 사실 그의 처형에 대한 보도는 고대의 많은 비기독교 자료에 나와 있다. 대다수 학자는 1세기 로마의 유대인 역사가 요세푸스(주후 37-100)가 예수의 십자가 죽음을 언급한 (신약성경 저자들의 이야기를 제외하고) 가장 초창기의 기사

중 하나를 썼다고 믿는다.[64]

2세기 초 로마 제국의 원로원 의원이자 역사가였던 타키투스(주후 56-117)는 "그리스도가 티베리우스의 치하에 우리의 행정관 중 하나인 본디오 빌라도의 손에 극형인 '십자가 처형'을 당했다"고 말함으로써 이를 확증했다.

요한의 증언에 따르면, 예수는 다른 두 명과 함께 십자가에서 처형되었다. 유대인 당국은 더럽힌다고 여겼던 시체들이 다가오는 안식일에 십자가 위에 그대로 방치되는 것을 원치 않았다. 그래서 빌라도의 허락을 받아 다리를 부러뜨려 죽음을 재촉하게 되었다. 하지만 군인들은 예수가 이미 죽은 것을 알고 그의 다리를 부러뜨리지 않았다. 로마 군인들은 죽은 몸을 보면 죽은 줄 알았다. 하지만 거듭 확인하기 위해 한 군인이 창으로 그의 옆구리를 찔렀다.

요한은 창에 찔려서 피와 물이 쏟아졌다고 일러준다. 이는 울혈이 된 피가 이미 분리되어 물처럼 보인 맑은 혈장이 되었고, 그 속에 붉은 혈구들을 지닌 피가 있어서 예수가 창에 찔리기 전에 이미 죽었음을 가리킨다. 요한은 이 현상의

---

64. 학자들은 비록 그의 기사가 나중에 윤색되었을 수 있다고 믿지만, 원본은 예수의 처형에 관한 진정한 언급을 담고 있었다는 게 일반적 여론이다.

병리학적 의미를 알지 못했으므로 그것은 예수의 죽음을 가리키는 강력한 정황 증거가 된다. 이는 명료한 과학적 추론을 통한 최선의 설명이다.

2. 예수의 매장

기록에 따르면, 예루살렘 산헤드린(유대인의 통치기구)의 두 회원인 요셉과 니고데모가 요셉에게 속한 사유지 무덤에 예수의 몸을 매장했다고 한다. 그리고 다른 목격자들도 그 무덤의 위치를 알았다. 갈릴리 출신의 여인들과 두 명의 마리아다.

예수가 무덤에 매장되었다는 사실은 중요하다. 만일 예수의 시체가 공동묘지에 던져졌다면, ― 종종 죄수들을 그렇게 했다 ― 그의 몸이 더 이상 거기에 없는지를 판단하는 일이 무척 어려웠을 것이다. 더 나아가, 그것은 여태껏 사용되지 않았던 새로운 무덤이라 그의 몸이 어쩌다 다른 사람의 몸으로 혼동될 여지가 없었다. 더욱이 여자 신자들 중 몇몇이 요셉을 따라가서 그리스도의 몸이 누인 무덤을 보았기 때문에, 그 여인들이 그 주의 첫날 일찍 아직 어둔 중에 거기에 왔을 때 실수로 엉뚱한 무덤에 갔을 가능성은 지극히 희박

하다.

니고데모와 요셉은 고대에 중요한 인물을 영화롭게 하는 방식으로 약 삼십오 킬로그램의 향유를 몸에 바르고 아마포로 감쌌다. 그들은 분명히 부활을 기대하지 않고 있었다. 향유의 무게, 이집트의 미라처럼 수의로 몸을 단단히 감쌌다는 점을 감안하면 그리스도가 십자가에서 피를 흘려 기절했다가 무덤에서 소생해서 도피했다는 생각은 도무지 믿을 수 없다.

그 무덤은 요셉이 입구에 홈을 파고 큰 편평한 돌을 집어 넣어 단단하게 막은 곳이었다. 그 돌을 옮기려면 여러 남자가 필요했을 것이다. 또한 빌라도의 권위에 힘입어 유대 지도자들이 그 돌을 공식적으로 봉인했던 상황이었다. 마태에 따르면, 이는 제자들이 와서 예수의 몸을 옮긴 다음 "부활했다"는 거짓 선언을 하지 못하게 하려는 것이었다.

3. 텅 빈 무덤

크리스천 여인들이 예수의 몸에 향유 바르는 일을 끝내려고 그 주의 첫날 아침 일찍 무덤에 왔을 때 무덤이 비어있었다는 것이 사복음서의 일치된 증언이다. 그리고 사도들이 조사하러 갔을 때도 무덤이 비어있는 것을 발견했다.

따라서 초기 크리스천들이 예수가 죽은 상태에서 살아났다고 주장했을 때 그것이 무슨 뜻이었는지를 우리는 이해할 수 있다. 그들이 죽은 것으로 알고 무덤에 매장했던 예수의 몸이 죽은 상태에서 일어나서 무덤을 떠났다는 뜻이었다. 그 몸이 얼마나 많이 변했든지 간에 그것이 그들이 무덤에 두었던 바로 그 몸이었다고 그들이 주장했다. 그것은 예수의 본래 몸과 무관했던, 또 다른 새로운 몸이 아니었다.

마태에 따르면, 예수의 무덤이 비어있었다고 공개적으로 선언한 최초의 사람들은 크리스천들이 아니라 유대 당국이었다고 한다! 그들은 경비들이 잠든 사이에 제자들이 그 몸을 훔쳐갔다는 취지의 이야기를 예루살렘에서 유통시키고 있었다.

그러면 이런 복음서의 기사들은 과연 진짜였는지 묻고 싶어진다. 어떤 이들은 그 사건 한참 후에 꾸며낸 신화라고 생각한다. 그러나 그럴 가능성은 별로 없다. 학자들의 여론에 따르면, 사복음서는 주후 50~100년경에 쓰였을 것이고[65], 그

---

65. 이에 앞서 예수 이야기는 구전을 통해 전달되었을 것이다. 구전이 문헌 이전의 사회에서는 중요한 사상이 보존되고 전달되던 주된 방식이었기 때문이다.

당시는 이미 그리스도의 죽음과 매장에 관한 사실들이 중동 전역의 유대인 회당에 널리 유통되었을 것으로 본다. 만일 그 이야기들이 훗날 꾸며낸 것이었다면, 그것들은 즉시 최근의 허구로 보였을 것이다. 그것들이 날조된 이야기였다면 크리스천들은 그런 이야기를 유대인 공동체에 전하는 위험을 감수하지 않았을 것이다. 그러므로 이런 내러티브들이 진실이 아니라고 추정할 만한 이유가 없는 것이다.

이번에는 유대 당국은 왜 그런 이야기를 유통시키려고 노력했을까 라는 질문이 생긴다. 하나의 이유는 선제공격을 하기 위해서였을 것이다. 그들은 경비들로부터 무덤이 비어 있다는 소식을 들어서 알고 있었다. 그리고 즉시 크리스천들이 이것을 예수가 죽은 상태에서 살아났다는 증거로 공표할 것임을 알 수 있었다. 그래서 그들은 무덤이 비어있다는 사실을 시인하고, 불가피한 크리스천의 설명의 위력에 반격하기 위해 그들의 설명을 제시함으로써 먼저 공격하기로 결정한 것이다.

이 이야기는 그리스도의 적들이 꾸민 선전이었기에 오히려 그 유통은 예수의 빈 무덤이 엄연한 사실이었음을 입증하는 최고의 역사적 증거이다.

이에 대해 생각해보라. 만일 무덤이 비어있지 않았다면, 당국은 예수의 몸을 쉽게 내놓으면서 부활이 일어나지 않았음을 결정적으로 입증할 수 있었을 것이다. 사도들이 이후에 예수가 부활했다고 선포했을 때 그들은 조롱으로 맞섰을 테고, 그러면 기독교가 결코 출범할 수 없었을 것이다.

우리는 한 번 더 법의학자들이 수행하는 일을 해냈다. 추론을 통한 최선의 설명을 한 것이다.

4. 수의

제자들이 그런 논리적 추론을 할 수 있게 해준 부활의 또 다른 증거가 있다. 요한의 이야기에 따르면, 자신과 베드로는 무덤이 비어있다는 소식을 여인들에게서 들은 후 무덤으로 달려갔다고 한다. 요한이 먼저 도착해서 몸을 굽히고 안쪽을 들여다봤다. 즉시 무언가 이상한 것을 알아챘다. 예수의 몸을 감쌌던 아마포 수의가 거기에 그냥 있다는 것. 더욱 이상한 점은, 수의는 그의 몸을 감싸고 있던 때와 똑같은 모습으로 놓여있는데 몸은 사라져버린 것이었다.

베드로는 나중에 요한을 따라왔다. 그런즉 요한이 달리기를 더 잘했던 게 틀림없다(이 작은 세부사항은 그 이야기가 목격자의 글이란 인상을 준다). 둘 다 무덤에 가서 가장 이상한 광경을 목격했다. 예수의 머리를 감쌌던 수건이 무덤 속 턱의 약간 높은 부분에 놓여있었고, 그의 머리는 더 이상 그 속에 없는데도 마치 머리가 있는 듯이 감싸고 있었는데, 납작하게 내려앉아 있었던 것 같다.

이는 요한에게 강력한 효과를 발휘했다. 그는 보고 믿었다고 한다.[66] 이는 요한이 마리아가 말했던 내용을 이제 믿었다는 뜻만이 아니다. 무덤 안을 들여다보았더니 몸이 사라진 것이 분명했기 때문이다. 그 이상의 뜻이 내포되어 있다. 요한은 무언가 매우 신비로운 일이 발생했음이 틀림없다는 합리적 추론을 했던 것이다. 마치 예수의 몸이 수의에서 쏙 빠져나오되 몸이 그 속에 있었을 때와 똑같은 모양으로 수의를 두고 떠난 듯이 보인 것이다. 요한은 자신이 초자연의 증거를 목격하고 있다는 것을 의심하지 않았다.

수의의 어떤 면이 그런 확신을 안겨주었을까? 요한이든 어느 누구든 이런 질문을 던질 수밖에 없었다. 수의가 어떻게 저런 모양을 취하게 되었을까? 도굴꾼이 시체는 가져가고 값진 아마포와 향유를 그냥 남겨두었을 리는 없다. 그리

---

66. 요한복음 20:3-8.

고 알 수 없는 이유로 그들이 비록 시체만 원했다 할지라도, 무덤에 침입하지 않았다는 인상을 주기 위한 것이 아니라면 굳이 수의가 마치 여전히 몸을 감싸고 있는 듯 그 수의를 다시 그런 모양으로 만들 이유가 없었을 것이다. 그런데 만일 그들이 그런 인상을 주고 싶었다면, 그들은 돌을 굴려 다시 그 자리로 옮겨놓는 편이 더 나았을 것이다! 그런 작업은 상당한 소음을 냈을 것이다. 굴려낸 돌은 무덤이 침입되었음을 보여주는 완전한 증거였다. 그것은 와서 안쪽을 들여다보라는 공공연한 초대였다. 그런데 또 다른 문제가 있다. 경비가 거기에 있는 데도 도굴꾼이 어떻게 돌을 옮길 수 있었을까?

5. 대안적 이론들

그러면 도굴꾼이 아니었다면 누가 그럴 수 있었겠는가? 어쩌면 미혹된 예수 추종자들이 당국의 코 밑에서 시체를 가져다가 더 안전한 장소로 옮기려고 했을까? 만일 그랬다면, 그들은 그것을 다른 사도들이 모르게 비밀로 지킬 수 없었을 것이다. 그들은 공손하게 예수를 다시 매장했을 테고 (마리아가 하려 했던 대로),[67] 결국에는 모든 크리스천이 그의 무

---

67. 요한복음 20:15.

덤이 있는 곳을 알게 되었을 것이다. 어쨌든, 경비가 들을 수 있는 위치에서 돌을 굴려낼 때 생기는 소음의 문제는 여전히 남는다.

누군가 고의적으로 기적이 일어났다는 인상을 주기 위해 몸을 가져다가 수의로 다시 감쌌을 가능성이 있을까? 누가 그런 짓을 할 수 있었을까? 그리스도의 추종자들이 그렇게 하는 것은 도덕적으로 불가능했다. 그들은 부활을 기대하지 않았은즉 심리적으로도 불가능했다. 그리고 경비들 때문에 실제적으로도 불가능했다.

끝으로, 당국이 조금이라도 부활을 암시하는 어떤 짓을 했다고 생각하는 것은 터무니없는 억측일 것이다. 어쨌든 무덤을 잘 경비해서 그런 일이 생기지 않게 한 것은 바로 그들이었다!

그런 현장을 목격하자 요한과 베드로는 온통 전율했다. 셜록 홈스처럼 그들은 불가능한 설명을 배제시키자 결국 대안이 하나밖에 남지 않았다. 그 몸이 수의를 통과해서 나왔다는 대안이다. 그것은 법의학의 최고의 전통에서 추론을 통한 최선의 설명을 얻어내는 명백한 실례였다.

그런데 그것은 무엇을 의미했는가? 그리고 예수는 현재

어디에 있는가?

에든버러 대학교의 역사학자 마이클 그랜트(Michael Grant)
는 이렇게 말한다.

빈 무덤의 발견을 다양한 복음서들이 다르게 묘사하는 것은 사
실이다. 그러나 우리가 다른 고대 문헌에 적용하는 바로 그 평
가기준을 적용한다면, 그 증거는 무덤이 정말로 비어있었다는
결론을 내리지 않을 수 없을 만큼 확고하고 개연성이 있다.[68]

베드로와 요한은 빈 무덤을 떠났다. 거기에 계속 머물러
서 얻을 것이 더 이상 없다고 생각했기 때문이다. 하지만 나
중에 그들이 틀린 것으로 입증되었다.

그리스도의 출현을 목격한 증인들

초기 크리스천들은 단지 무덤이 비어있었다고 주장한 것
만은 아니다. 더 중요한 사실은 이후에 그들이 그리스도의
승천으로 정점에 이르는 사십 일에 걸쳐 간헐적으로 부활

---

68. *Jesus: An Historian's Review of the Gospels* (Charles Scribner's Sons, 1977), p 176.

한 그리스도를 만났다는 것이다.[69] 그들은 실제로 그분을 보았고, 그분과 얘기했고, 그분을 만졌고, 심지어 그분과 음식을 먹기까지 했다. 다름 아닌 이런 경험 때문에 그들은 복음의 메시지를 들고 세상에 도전할 용기를 얻었던 것이다. 그들이 부활한 그리스도를 개인적으로 목격하고 만났다는 사실은 진정 복음의 중요하고 불가결한 일부였다. 그 증거가 너무도 뚜렷해서 무신론자 학자인 게르드 루드만(Gerd Lüdemann)조차 이렇게 추론한다.

베드로와 제자들이 예수의 죽음 이후 예수가 그들에게 부활한 그리스도로 나타났음을 경험했다는 것은 역사적으로 확실한 것으로 여겨도 괜찮다.[70]

그런데 루드만의 무신론은 부활을 근거로 여기는 것을 금하기 때문에 그는 그 출현이 환상이었다고 주장한다.

그러나 이 견해는 심리학적 증거에 의해 논박된다. 다시

<hr />

69. 사도행전 1:3.

70. *What Really Happened to Jesus? A Historical Approach to the Resurrection*, John Bowden, trans. (Westminster John Knox, 1995), p 80.

금 이 추론 과정이 완벽하게 과학적임을 주목하라.

a. 환상과 환각은 보통 생생한 상상력을 지닌 특정한 기질의 사람들에게 나타난다.

제자들은 매우 다른 기질을 가진 사람들이었다. 예컨대 마태는 빈틈없고 기민한 세리였고, 베드로와 몇몇은 거친 어부였고, 도마는 타고난 회의주의자였다. 그들은 흔히 환각에 걸리기 쉬운 그런 부류가 아니었다.

b. 환각은 기대하던 사건과 관련이 있다.

철학자 윌리엄 레인 크레이그(William Lane Craig)는 "마음이 투영된 환각은 새로운 것을 일체 담을 수 없다"[71]고 지적한다. 그런데 제자들 중 아무도 예수를 다시 만날 것을 기대하지 않고 있었다. 예수의 부활에 대한 기대는 그들의 마음속에 전혀 들어있지 않았다. 그 대신 두려움과 의심과 불확실성이 있었다. 이는 환각이 생길 만한 심리적 선제조건이 전혀 아니다.

---

71. *Reasonable Faith* (Crossway, 2008), p 394.

c. 환각은 보통 비교적 긴 기간에 걸쳐 일어나며 늘어나거나 줄어든다.

그런데 그리스도의 출현은 사십 일에 걸쳐 자주 일어나다가 급작스럽게 그쳤다. 첫 제자들 중에 아무도 다시는 그와 비슷한 경험을 했다고 주장하지 않았다. 유일한 예외는 스데반과 바울이었다. 최초의 순교자였던 스데반은 돌에 맞아 죽기 직전에 이렇게 외쳤다. "보라, 하늘이 열리고 인자가 하나님 우편에 서신 것을 보노라."[72] 바울은 부활한 그리스도를 한 번 만났다고, 그리고 그 자신이 그분을 만난 최후의 인물이었다고 기록하고 있다.[73] 그런즉 이런 패턴은 환각의 경험과 일치하지 않는다.

d. 한 번에 예수를 목격한 오백 명이 집단적인 환각에 시달리고 있었다고 상상하기는 어렵다.[74]

임상 심리학자인 게리 십시(Gary Sibcy)는 이렇게 말한다.

---

72. 사도행전 7:56.

73. 고린도전서 15:8.

74. 고린도전서 15:6.

나는 지난 이십 년 동안 심리학자, 정신의학자 그리고 다른 건강 관련 전문가들이 쓴 전문적인 문헌을 조사했는데 … 아직도 집단 환각, 즉 한 사람 이상이 외부의 지시대상이 분명히 없는 시각적 또는 다른 감각적 인식을 공유한 사건이 문서화되어 있는 사례를 단 한 건도 찾지 못했다.[75]

e. 환각이 부활에 대한 믿음으로 이끌지는 못했을 것이다.
예수의 부활에 관한 환각 이론은 그 설명의 범위가 지극히 제한되어 있다. 그런 이론은 십자가 죽음 이후 예수의 출현만 설명하려고 시도할 뿐이다. 그런 이론은 분명히 빈 무덤에 대해 설명하지 않는다. 제자들이 아무리 많은 환각을 보았다 할지라도, 만일 가까운 무덤이 비어 있지 않았다면, 예루살렘에서 예수의 부활을 전파할 수 없었을 것이다.

최초의 증인들

이 모든 논의에 꼭 덧붙일 사실이 있다. 합법적인 증언에

75. W. A. Dembski and M. R. Licona, *The Evidence for God* (Baker, 2010), p 178.

관한 고대의 법률에 관해 조금이라도 아는 사람에게는 부활한 그리스도의 출현에 관해 최초로 보고한 사람들이 여인들이었다는 사실이 놀랍기만 하다. 1세기 유대 문화에서 여자는 보통 자격이 있는 증인으로 간주되지 않았다. 그러므로 당시에 부활 이야기를 꾸미려는 사람은 누구나 여인들의 증언을 언급함으로써 그 이야기를 시작할 생각은 꿈에도 하지 않았을 것이다. 여인들의 증언을 포함시킬 만한 유일한 가치는 사람들이 어떻게 생각하든 그 증언이 참되고 쉽게 조사될 수 있는 경우에만 존재한다. 그런즉 여인들의 증언을 포함시킨 것 자체가 역사적 진정성을 가리키는 또 다른 지표이다.

전 세계에 교회가 존재한다는 것은 논란의 여지가 없는 사실이다. 초기 제자들이 완전히 변화된 것은 어떻게 설명할 수 있을까? 두려움에 떨던 남자들과 여자들 – 그들의 지도자가 십자가에 죽자 그들의 운동에 닥친 재난으로 인해 완전히 환멸에 빠진 이들 – 로부터 갑자기 강력한 국제적인 운동이 폭발해 급속히 로마 제국 전역뿐만 아니라 궁극적으로 전 세계로 확산된 것이다. 그리고 최초의 제자들이 모두 유대인이었다는 것도 놀라운 사실이다. 유대교는 본래 다른 나라에서 개종자를 만들려는 열정이 별로 없는 종교였다. 이 모든 현상을 촉발시킬 만큼 강력한 계기가 무엇이었을까?

우리가 초기 교회에 물어본다면, 그들은 금방 그것은 예수의 부활이었다고 대답할 것이다.[76] 실제로 그들은 그들의 존재 이유와 목적이 바로 그리스도의 부활의 증인이 되는 것이라고 주장했다. 말하자면, 교회가 존재하게 된 것은 어떤 정치 강령을 선전하거나 도덕적 혁신 운동을 전개하기 위해서가 아니라, 하나님이 역사에 개입해서 그리스도를 죽은 상태에서 일으켰다는 사실과 그의 이름으로 죄 사함을 받을 수 있게 하셨다는 사실을 증언하기 위함이었다. 이 메시지는 궁극적으로 사회를 위한 도덕적 함의를 지니게 될 터였지만, 그것은 어디까지나 부활 자체를 중심으로 한 메시지였다.

최초의 크리스천들이 그들의 존재 이유를 이렇게 설명했는데, 만일 거기에 너무 큰 기적이 포함되어 있다는 이유로 우리가 그런 설명을 배격한다면, 그 자리에 우리는 도대체 무엇을 넣을 수 있겠는가? 부활을 부인하는 것은 교회를 존

---

76. 가장 빠른 신약성경 문헌들이 부활한 주님을 거론한다.

재 이유가 없는 실체로 두는 것인데, 이는 역사적으로 또 심리적으로 터무니없는 처사다.

케임브리지의 모울(C. F. D. Moule)교수는 이렇게 말한다.

만일 나사렛 교도들이 존재하게 된 것, 즉 신약성경이 명백히 증언하는 그 현상이 역사에서 큰 구멍, 곧 부활의 크기와 모양을 지닌 구멍을 뚫는다면, 세속 역사가는 무엇으로 그것을 막겠다고 제의하는가? … 그러므로 교회의 탄생과 빠른 발흥은, 교회 자체가 제공한 유일한 설명을 진지하게 여기길 거부하는 모든 역사가에게 여전히 미해결된 수수께끼로 남아있다.[77]

이 간략한 개관에서 우리는 예수의 부활을 입증하는 증거의 깊이와 넓이를 약간 맛볼 수 있었을 뿐이다. 이에 대해 더 상세히 알고 싶다면 나의 책, 『신에게 총을 겨누다』[78]의 마지막 두 장을 살펴보길 바란다.

_____

77. *The Phenomenon of the New Testament* (SCM Press, 1967), p 3, 13.
78. John Lennox, *Gunning for God* (Lion, 2011).

기독교는 반증이 가능하다

비판가들은 이천 년 동안 부활의 신빙성을 없애려고 필사적으로 노력했으나 결국 실패하고 말았다. 그 증거가 너무 강력하기 때문이다. 그러므로 여전한 질문은 이것이다. 우리는 증거가 이끄는 대로 따라갈 것인가, 따라가지 않을 것인가?

그런데 이제 우리는 좀 더 진지한 조사, 어쩌면 위험한 조사를 해야 한다. 즉 타인의 경험과 주장뿐만 아니라 당신 자신의 경험을 탐구하는 일이다.

개인적인 차원

|

9장

이제까지 우리는 부활한 예수를 목격했던 최초의 크리스천들에 관해 생각해보았다. 하지만 역사를 통틀어 절대 다수의 크리스천은 실제로 예수를 목격하지 않고도 크리스천이 되었다. 그리스도는 이에 관해 매우 중요한 점을 도마와 다른 제자들에게 말한 적이 있다.

> 너는 나를 보았기 때문에 믿느냐? 나를 보지 않고도 믿는 사람은 복이 있다. (요한복음 20:29, 새번역)

|

그들은 보고 믿었으나, 대다수는 보지 못했다. 그렇다고 그리스도께서 우리에게 아무런 증거도 없이 믿으라고 요구한다는 뜻은 아니다. 보는 것은 우리에게 가용한 한 종류의 증거일 뿐이다. 일상생활에서도 마찬가지다. 우리는 눈으로 보지 못한 많은 것을 믿는다. 사랑, 원자, 중력, 지구의 중심부 등이다. 하지만 우리가 증거 없이 이런 것들을 믿는 것은 아니다. 단지 눈에 보이는 증거가 없을 따름이다.

증거와 관계

방금 인용한 구절은 요한이 복음서를 쓴 동기에 대한 설명 바로 앞에 나온다. 우리가 이미 인용한 본문인데 다시 인용해보겠다.

예수께서 제자들 앞에서 이 책에 기록되지 아니한 다른 표적도 많이 행하셨으나, 오직 이것을 기록함은 너희로 예수께서 하나님의 아들 그리스도이심을 믿게 하려 함이요, 또 너희로 믿고 그 이름을 힘입어 생명을 얻게 하려 함이니라. (요한복음 20:30-31)

무엇보다 먼저 우리에게 제공된 증거는 실제로 목격했던 이들의 증언이다. 요한은 (보지 못한) 우리에게 어떤 사실들을 확신시키려고 글을 쓰고 있다. 예수는 본인이 주장했던 바로 그 인물, 즉 그리스도(=메시아), 하나님의 아들(육신이 된 하나님, 인간이 된 말씀)이라는 것이다. 그런데 요한은 우리가 이런 사실들을 믿게 되는 데 관심이 있을 뿐 아니라 그 사실들에 기초해 우리가 예수를 그런 인물로 믿어 예수가 '영생'이라 부른 새로운 종류의 생명을 얻게 되는 데도 관심이 있다.

한 인물에 관한 어떤 사실들을 믿는 것과 그 인물을 만나고 친구로서 그 사실들을 신뢰하는 것은 별개의 문제다. 나는 윈스턴 처칠에 관한 많은 사실을 알고 있지만 그를 만난 적은 없다. 그는 내가 친구로 부를 수 있는 인물이었던 적은 없다. 그리고 내가 비록 그를 만났더라도 그는 나에게 그의 생명을 줄 수는 없었을 것이다. 사도 요한이 예수를 믿는 이들에게 약속하는 바는 예수 그리스도를 통한 하나님과의 인격적인 살아있는 관계이다.

우리가 일단 인격적 관계에 대해 얘기하기 시작하면 과학은 뒷전에 놓는다. 그러나 합리성을 뒷전에 놓는 것은 아니다. 과학적 지식과 인격적 지식 간에는 근본적인 차이점이 있다. 내가 당신을 알고 싶어 한다고 상상해보라. 나는 당신의 몸과 관련된 다양한 종류의 측량을 할 수 있다. 키, 몸무게 등. 나는 MRI를 이용해 당신의 몸을 스캔해서 당신의 내장에 관해 많은 것을 알 수 있다. 심지어 당신의 뇌를 스캔해서 그 순간 어느 부위가 활발한지 간파할 수도 있다. 그러나 과학이나 테크놀로지가 마틸다 숙모가 왜 케익을 만들었는지 판단할 수 없듯이, 이런 조사를 아무리 해도 나는 당신을 결코 알 수 없을 것이다. 당신이 자신을 나에게 ‒ 보통은 말로 ‒ 드러내지 않는다면, 나는 결코 당신을 알 수 없을 것이다.

그런데 당신이 스스로를 나에게 드러내는 과정에 합리성이 고도로 포함되어 있다. 나는 당신이 말하는 내용을 이해하려고 내 지성을 사용해야 하고, 당신은 나를 이해하기 위해 당신의 지성을 사용하지 않으면 안 된다.

하나님의 경우도 이와 비슷하다. 하나님은 이론이 아니라 인격인즉, 그분이 그 자신을 우리에게 드러내신다면 우리가 그분을 알 수 있게 되는 것이다. 성경의 핵심 주장은 바로 하나님이 말씀하셨다는 것이다. 하나님은 찬란한 우주를 통해 그의 영광의 여러 측면을 우리에게 드러내셨다. 그리고 오랜 세월에 걸쳐 성경에 기록된 다양한 방식으로 우리에게 말씀하셨다. 그러나 가장 구체적으로는 그의 아들을 통해 우리에게 말씀하셨다.

하나님께서 옛날에는 예언자들을 통하여, 여러 번에 걸쳐 여러 가지 방법으로 우리 조상들에게 말씀하셨으나, 이 마지막 날에는 아들을 통하여 우리에게 말씀하셨습니다. 하나님께서는 이 아들을 만물의 상속자로 세우셨습니다. 그를 통하여 온 세상을 지으신 것입니다. 그는 하나님의 영광의 광채시요, 하나님의 본체대로의 모습이십니다. 그는 자기의 능력 있는 말씀으로 만물을 보존하시는 분이십니다. (히브리서 1:1-3, 새번역)

하나님께서 예수 그리스도를 통해 말씀하신 중심 메시지는 무엇인가? 첫째 실마리는 그의 이름에 있다.

아들을 낳으리니 이름을 예수라 하라 이는 그가 자기 백성을 그들의 죄에서 구원할 자이심이라. (마태복음 1:21)

이제 예수님이 친히 하신 말씀을 찾아보자.

인자가 온 것은 섬김을 받으려 함이 아니라 도리어 섬기려 하고 자기 목숨을 많은 사람의 대속물로 주려 함이니라. (마가복음 10:45)

또 이르시되 이같이 그리스도가 고난을 받고 제 삼일에 죽은 자 가운데서 살아날 것과 또 그의 이름으로 죄 사함을 받게 하는 회개가 예루살렘에서 시작하여 모든 족속에게 전파될 것이 기록되었으니, 너희는 이 모든 일의 증인이라. (누가복음 24:46-48)

그리고 그것이 바로 초기 크리스천들이 행했던 일이다. 그들은 밖에 나가서 사람들에게 옛 생활방식에서 돌이키라고(회개하라고) 촉구했고, 예수를 믿으면 용서를 받을 것이라고 말했다.

사도 바울이 아테네의 사상가들에게 선포한 메시지를 경청해보라.

하나님을 금이나 은이나 돌에다 사람의 기술과 고안으로 새긴 것들과 같이 여길 것이 아니니라. 알지 못하던 시대에는 하나님이 간과하셨거니와 이제는 어디든지 사람에게 다 명하사 회개하라 하셨으니, 이는 정하신 사람으로 하여금 천하를 공의로 심판할 날을 작정하시고 이에 그를 죽은 자 가운데서 다시 살리신 것으로 모든 사람에게 믿을 만한 증거를 주셨음이니라. (사도행전 17:29-31)

기독교는 예수가 죽었다가 다시 살아났다고 주장하는 것에 그치지 않는다. 이 사건들이 우리 모두에게 함의를 갖고 있으므로 우리에게 그것들에 대해 무언가를 하도록 도전한다.

과학은 우리의 양심을 향해 행동을 요구하는 심각한 도덕적 이슈를 제기할 수 있다. 예컨대 과학은 우리에게 지구 온난화, 대기 오염, 그리고 해양 플라스틱의 위험성에 대한 정보를 제공했다. 우리의 양심은 미래 세대를 위해 이런 이슈들에 대해 무언가를 할 필요가 있다고 일러준다. 그러나 도덕은 우리를 과학 너머로 데려간다. 그보다 더 크고 더 근본적인 무언가를 가리킨다. 바로 우리와 하나님의 관계이다. 이는 너무나 큰 도덕적 이슈라서 그 해결책은 하나님의 아들, 예수 그리스도의 죽음을 요구한다.

우리 자신을 이해하기

당신이 스스로에게 정직하다면 죄는 곧 암과 같다는 것을 알 것이다. 죄는 우리의 삶을 엉망으로 만들고 진정한 평안과 기쁨과 행복의 가능성을 잡아먹는다. 전반적으로 사람들 속에는 깨어짐이 있고, 우리가 정직하다면 우리 자신도 그렇다는 것을 시인한다.

심리학자들과 진화 생물학자들은 그 이유를 설명하고 해답을 제공하려고 노력하는데, 해답에 따라 설득력의 차이가 있다. 그러나 그 가운데 어느 것도 기독교만큼 우리의 본능과 느낌에 깊이 공감되는 것은 없다. 기독교가 죄의 문제에 대해 그토록 할 말이 많은 이유는 죄책에 대한 병적인 강박 때문이 아니다. 그것은 기독교가 죄의 문제에 현실적인 진단을 내놓고, 또 만족스럽고 의미 있는 새로운 삶을 초래하는 해결책을 제공하기 때문이다.

그러므로 우리가 기독교를 제쳐놓기 전에 이 진단과 해결책이 무엇인지 고려하는 것이 현명하다. 성경의 진단은 에덴동산에 관한 창세기 이야기에 나온다. 이는 모든 문헌을 통틀어 가장 유명한 이야기들 중의 하나이고 무척 심오한 이야기이기도 하다. 이는 창조주가 최초의 인간들을 약속과 흥미로 가득한 동산 낙원에 두었던 경위를 얘기한다. 그들은 마음껏 동산을 즐기고 동산과 그 주변 지역을 탐색할 자유가 있었다. 하지만 하나님이 그들에게 한 과일만은 금하게 했다. 바로 '선악을 알게 하는 나무'였다(창세기 2:17). 그런데 그 금지사항은 인간의 지위를 떨어뜨리기는커녕 도덕적 존재로서 인간의 독특한 존엄성을 세우는데 필수적이었다.

도덕이 존재하려면 인간은 어느 정도의 자유를 갖고 있어야 한다. 도덕적 존재가 되려면 옳은 것과 그른 것 간의 도덕적 선택이 있어야 하기 때문이다. 그리고 도덕적 경계가 있어야 한다. 그래서 한 과일이 금지되었던 것이다. 그들은 단 하나만 제외하고 동산의 어떤 나무로부터도 과일을 따먹을 자유가 있었다. 하나님은 그들에게 그것을 먹는 날에는 반드시 죽을 것이라고 말씀하셨다.

이 고대 이야기는 이어서 뱀-적(敵)이 어떻게 하나님에 대해 허위 진술을 하는지 들려준다. 즉 하나님이 인간들을 아름다운 나무들과 달콤한 과일이 있는 멋진 환경에 두시되 그들에게 그 과일을 먹지 못하게 함으로써 그들을 조롱하고 있었다고 시사한다. 그 적은 또한 하나님이 인간들로 하나님처럼 되지 못하게 하기 위해 인간의 자유를 제한하려고 했다는 생각을 교묘히 심어주었다.

인류의 초기부터 인류를 전염시켰던 '원죄'는 인간의 영이 그 영을 창조했던 하나님에 대한 반역이었다. 이는 피조물의 창조주에 대한 태도, 다른 인간들과 피조물들에 대한 태도를 바꿔놓은 반역이었다. 최초의 인간들은 금지된 과일을 먹자마자 수치와 불안을 경험했고 무엇보다도 하나님에게서 소외되었다. 인간과 하나님의 관계의 죽음은 즉시는 아니라도 불가피하게 신체적 죽음으로 귀결될 것이었다. 이전에 하나님과 함께하는 기쁨과 친구관계를 즐겼던 남자와 여자가 이제는 하나님이 그들의 적이 되었다고 느껴 그분의 낯을 피하려고 도망쳤다.

도망치는 인간

우리 인간은 그 이후 계속 도망치고 있다. 인간 마음속에는 하나님이, 만일 존재한다면, 본래 우리에게 적대적이라는 의심이 잠재해 있다. 그는 우리의 자연스런 즐거움의 향유를 금지하고 우리를 심리적으로 억압한다고, 우리가 인간의 잠재력을 충분히 개발하지 못하게 한다고 의심하는 것이다. 어쩌면 당신이 현재 이런 생각을 품고 있을지 모르겠다. 하나님은 폭군이고 못살게 구는 존재이며, 모든 문제가 그의 탓이라는 생각을.

창세기 본문을 대강 훑어보기만 해도 이런 불평은 심각한 왜곡의 산물임을 알 수 있다. 하나님이 아담을 호기심 어린 존재로 만들긴 했으나 불만족스런 존재로 창조한 것은 아니다. 최초의 인간들은 그들의 호기심을 채울 수 없었던 게 아니고 오히려 그 정반대였다. 그들은 가능성이 무한한 그런 세계에 둘러싸여 있었기 때문이다. 하나님은 그들에게 사물에 – 그들의 경우에는 동물에 – 이름을 붙이는 신나는 과업에 관여하도록 격려했다. 이는 바로 과학의 본질에 해당하는 과업이었다. 하나님은 그들이 그의 우주를 탐색해서 그의 지혜의 보물을 발견하기를 원했던 것이다.

'금지사항'에 관해서는 오직 한 가지만 금지되었다는 것, 그 특정한 과일이 금지된 것은 인류를 제지하기 위해서가 아니라 그들이 창조주와 신뢰 관계를 개발할 수 있게 하려는 것이었음을 주목하라. 그들은 창조주를 신뢰하고 그의 말씀을 믿든지, 아니면 그들의 독립성을 주장해서 그들이 얻을 것으로 상상한 그것을 붙잡든지 둘 중 하나를 선택할 수 있었다.

성경은 우리가 죄스러운 본성을 물려받아 우리의 이익을 위해 죄를 지었다고 진단한다. 우리는 사방에서 타락한 세상 풍조의 영향과 압력을 받고 있다. 신약성경의 표현대로 "모든 사람이 죄를 범하였으매 하나님의 영광에 이르지 못한다"(로마서 3:23). 하지만 이는 많은 사람에게 심히 불공평해 보인다. "우리는 그 뿌리가 손상된 인류에게서 태어나겠다고 요청한 적이 없다. 다른 누군가 애초에 행한 일의 결과로 왜 우리가 정죄를 받아야 하는가?" 이 합리적인 반론에 대한 답변은 사도 바울의 로마서에 들어 있다. "한 사람이 순종하지 아니함으로 많은 사람이 죄인 된 것 같이 한 사람이 순종하심으로 많은 사람이 의인이 되리라"(로마서 5:19).

우리는 개인적으로 죄의 세상 진입에 대한 책임이 없기 때문에 개인적으로 그 모든 상황을 바로잡을 입장에 있지도 않다. 이 때문에 신약성경이 인간의 죄에 대해 제공한 구원을 이해할 수 있다. 오직 그 구원만이 그 문제의 규모에 상응하기 때문이다. 우리는 다른 누군가 행한 일로 인해 죄인이 된 만큼 구출과 구속도 그와 똑같은 조건으로 우리에게 값없이 제공된 것이다. 즉 우리 스스로 행할 수 있는 일이 아닌 다른 누군가 행한 일을 통해 구원을 받을 수 있게 된 것이다. 예수는 바로 이 일을 하기 위해 왔다고 주장했다.

인자가 온 것은 섬김을 받으려 함이 아니라 도리어 섬기려 하고 자기 목숨을 많은 사람의 대속물로 주려 함이니라. (마가복음 10:45)

많은 사람은 그 문제가 얼마나 심각한지 몰라서 대리적 고난의 원리를 이해하기 어려워하고, 그 결과 오해가 많은 편이다. 한 가지 이유는 인간이 하나님에게서 소외되었기 때문에 생긴 또 다른 결과이다. 바로 우리가 선행을 쌓아서 하나님의 용납을 얻을 수 있다는 보편적인 생각. 어쨌든 인생의 많은 것은 공로에 달려있지 않은가? 대학에 합격하고, 직업을 얻고, 승진하는 것 등.

그 결과 많은 사람은 '구원'이란 것을 우리가 하나님의 용납을 얻기 위해 지켜야 할 모종의 종교적 규약 – 당신의 이웃을 당신 자신처럼 사랑하라거나 특정한 의식과 의례를 좇아야 한다는 도덕적 교훈 – 으로 생각한다. 그래서 그런 규약을 지키려고 한동안 열심히 노력하다가 결국은 그런 노력이 무척 불편한 노예상태일 수 있다는 것을 알게 된다. 그리하여 그 노력이 절망적이란 결론을 짓고(이는 옳은 결론이다) 포기하고 만다. 그들은 기독교를 잘 이해해서 그대로 시도했다가 결국 효과가 없음을 알고 버렸다고 생각한다.

열차에서 나눈 대화

여기서 어려운 문제는 '종교'의 개념이다. 나는 많은 사람에게 종교가 무엇이라고 생각하는지 물어본 적이 있다. 일반 여론에 따르면, 종교란 인간들이 가르침과 의식과 의례를 이용해 그들 자신을 뛰어넘는 어떤 것, 초월적인 어떤 것과 관계를 맺는 방식이라고 한다. 종교는 보통 입문 의식, 정해진 가르침을 바탕으로 좇아야 할 길, 그 길에서 얻은 공로에 기초해 다가올 세상에 들어가는 것으로 구성된다.

내가 매우 보기 드문 환경에서 이 주제에 관해 논의한 것이 생생하게 떠오른다. 나는 헝가리 북부의 어느 교회에서 강의를 끝내고 비엔나에서 귀국행 항공편을 타기 위해 부다페스트를 경유하는 열차를 타고 있었다. 이등실의 예약석을 찾아 앉았다. 그런데 즉시 불안한 감정이 생기기 시작했다. 예전에는 한 번도 겪어보지 못한 경험이었다. 처음에는 엉뚱한 좌석이라 그렇다고 생각했으나 열차표를 확인해보니 그렇지 않았다. 그 때 일등실에 가서 앉아야겠다는 생각이 떠올랐다. 그 확신이 너무 강해서 그 객차에서 나와 앞쪽으로 걸어갔더니 일등실이 둘 있었다. 하나는 오래되어 낡았고, 다른 하나는 새 것으로 보였다. 열차가 막 출발하려는 순간 내가 새 객차에 들어가려고 하는데 이상하게도 다리를 움직일 수 없었다. 나는 일종의 발작이 일어난 줄 생각하며 공황상태에 빠졌다. 그런데 내가 낡은 객차를 향해 몸을 돌리자 움직일 수 있어서 열차가 역을 빠져나갈 때 그곳으로 몸을 던졌다.

창문 쪽 두 좌석은 이미 점유된 상태라 그 객차의 문에 가까운 좌석에 나는 몸을 가누었다. 즉시 안도감을 느끼며 다시 정상으로 돌아왔으나 방금 일어난 일로 무척 당혹스러웠다.

나는 안식을 취하려고 눈을 감았는데, 창문 곁의 좌석에 앉은 두 남자가 어떤 언어로 서로 나직하게 얘기하는 소리가 들렸다. 한참 뒤에 그들은 프랑스어로 바꿨고, 나도 프랑스어를 이해하고 말할 수 있어서 그들에게 인사를 한 후 우리는 자기 직업에 대해 조금 얘기를 나누었다. 그들은 모두 고참 국제변호사들로서 한 명은 대사로, 다른 한 명은 국제재판소의 판사로 일하고 있었다. 나는 수학자라고 밝혔다.

대화가 줄어들면서 내가 졸기 시작하는 순간 한 사람이 갑자기 "저기 십자가를 보라구!"하고 소리쳤다. 창문을 통해 공동묘지를 가리키며 "이 나라에도 크리스천이 있는가?"하고 묻는 것이었다. 나는 실은 많은 크리스천이 있다고 대답했고, 내가 그들 중 일부에게 성경을 가르치며 한 주간을 함께 보냈다고 말했다.

"그런데 그건 합리적이지 않지요"라는 답변이 돌아왔다. "당신은 수학자인데 어떻게 성경을 진지하게 여길 수 있나요? 그리고 어쨌든 우리는 광야에서라도 하나님께 직접 접근할 수 있지요. 그래서 예수와 마리아 같은 중재자들이 우리에게는 필요 없어요."

우리는 대화를 더 나눴고 나의 기독교 신앙은 증거에 기반을 두고 있다고 말했더니, 한 사람이 이런 말을 하는 것이었다. "우리는 이 열차를 세 시간이나 더 타야 하니까, 당신이 우리에게 기독교와 우리 종교의 차이점을 설명해줄 수 있겠소?"

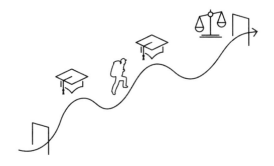

나는 그들에게 그들 종교의 본질이 무엇인지 물었고 나의 답변을 그림으로 그리려고 종이와 펜을 찾았다. 어느 것도 찾지 못했으나 그 객차의 바닥에 먼지가 많다는 것을 알아채고 손가락으로 위의 그림을 그린 다음 이렇게 물었다. "당신네 종교는 결국 이렇게 된다고 말하는 것이 공평합니까?"

"처음에는 어떤 의식을 통해 들어가는 입문 또는 특정한 그룹의 일원으로 태어나는 일이 있고, 이후 당신은 기복 있는 선으로 표시된 길로 접어들게 되지요. 그리고 당신을 가르치고 지도하는 사람들이 있고(사각모로 표시된 것), 그 길은 당신이 그 길을 좇는데 성공하는지에 따라 올라가기도 하고 내려가기도 합니다. 이후에 당신이 죽을 때 최후의 평가를 받게 되는데, 이는 당신의 삶을 상세히 조사하는 정의의 저울이 가리키는 것입니다. 당신이 다가올 영광스러운 세계에 들어가도록 허락을 받을지 여부는 당신의 선행이 악행을 능가하는지에 달려 있습니다."

"그것은 공로에 기반을 둔 시스템이라서 당신의 선생, 충고자, 그루, 사제 내지는 랍비가 아무리 훌륭하다 해도 최후 평가에서의 성공을 보장할 수 없습니다. 달리 말해, 그것은 대학교 과정과 매우 비슷합니다. 즉, 당신은 입학의 요건들을 만족시켜야 하고, 그 과정을 좇은 다음 최종 시험대에 앉아야 합니다. 당신의 교수들과 선생들이 아무리 선하고 친절해도 당신의 학위는 최종 시험에서의 당신의 공로에 달려 있기 때문에 그 학위를 보장할 수 없습니다."

두 사람은 이것이 그들이 믿는 바일 뿐 아니라 모든 종교적인 사람들이 믿는 것이기도 하다는 데 동의했다. 그것이 종교의 본질이라는 것이었다. 그뿐만 아니라, 종교들은 많은 도덕적 가르침을 공유하고 있다는 점에도 의견을 같이했다.

"그렇다면, 나는 종교적인 사람이 아니란 뜻입니다"하고 내가 말했다.

"아니, 당신은 크리스천이라고 말하지 않았소?"하고 그들이 대답했다.

"그렇소, 나는 크리스천입니다. 이제 나는 당신네의 질문인 '내가 믿는 바와 당신네가 믿는 바의 차이점이 무엇인가?'에 직접 대답하려고 합니다. 그런데 먼저 종교들 간에 공통된 도덕적 가르침이 많다는 사실에 동의한다는 것을 말하고 싶습니다. 예컨대, '황금률'이라 불리는 것, '당신이 대접받고 싶은 대로 남을 대접하라'는 가르침을 들어봅시다. 이 가르침은 해 아래 모든 종교와 철학에서 찾을 수 있고, 심지어는 신(들)을 믿지 않는 종교와 철학에도 있습니다."

"차이점은 하나님이나 신들과 관계를 맺는 방법에 관해 종교들이 말하는 바에 나타납니다. 나의 삽화는 당신네가 다른 많은 이들과 공유하는 견해를 보여줍니다. 하지만 기독교 메시지는 매우 다릅니다. 이는 최후 심판에서 공로에 기반을 둔 하나님의 용납에 있지 않습니다. 이 점에서 기독교는 파격적으로 다른 것을 가르칩니다. 기독교는 우리가 길을 걷는 시발점에서 용납을 받을 수 있다고 말합니다. 최초의 발걸음은 유아 또는 성인에게 행해진 어떤 의식이나

의례가 아니라 예수 그리스도라는 한 인격에 대한 헌신이며, 이는 그분이 우리를 하나님에게서 소외시키는 우리 죄에 대한 속죄물로 그의 생명을 드리기 위해 세상에 오신 성육한 하나님이라고 믿는 것을 포함합니다."

이 시점에 나는 바닥에 그린 그림의 앞부분에 있는 출입구에 십자가를 그려 넣었다.

"이제 당신네의 질문에 대한 내 답변을 원한다면, 그것에 대해 판단을 내리기 전에 잘 듣고 그것을 이해하려고 노력하시기 바랍니다"하고 내가 그들에게 말했다.

"계속 하시지요"하고 그들이 말했다.

"예수가 이렇게 말했습니다. '내 말을 듣고 또 나 보내신 이를 믿는 자는 영생을 얻었고 심판에 이르지 아니하나니 사망에서 생명으로 옮겼느니라'(요한복음 5:24). 그 문맥은 예수가 장차 인류의 최후의 재판관이 될 것이라는 놀라운 주장입니다."

나는 창가 좌석에 앉은 판사를 향해 몸을 돌렸다. "판사 양반, 내가 당신에게 내 입장을 진술했다고 가정합시다. 그리고 당신이 나에게 석방을 선언했다면, 나는 당신을 믿어도 좋습니까?"

그는 분노를 터뜨리며 이렇게 말했다. "물론이지요. 내가 재판관, 곧 최후의 판사인즉 내가 당신에게 자유롭게 되라고 말하면 당신은 자유로운 것이지요."

나는 이렇게 대답했다. "바로 그겁니다. 예수가 우주에서 최고 수준의 판사이지요. 그리고 그분은 만일 우리가 개인적으로 그분을 신뢰하면, 우리의 죄가 마땅히 받을 유죄 판결의 징벌을 그분이 십자가에서 지불했기 때문에 우리가 하나님과 올바른 관계에 있다고 그분이 선언할 것이라고 말씀하십니다. 더구나, 이것이 진실이란 증거가 있습니다. 초기 크리스천인 사도 바울이 아테네의 철학자들에게 말했듯이, 하나님은 예수를 죽은 상태에서 살리심으로써 이것이 진실이란 확신을 모든 사람에게 주셨다는 것입니다."

한동안 객차 내에 침묵이 흐르더니 그 대사가 판사에게 "기독교와 우리가 생각하는 종교 사이엔 큰 차이가 있소"라고 말하는 것이었다. 그리고 나를 향하더니 "그 모든 것이 예수 그리스도가 누군지에 달려있군요"라고 말했다.

"맞습니다"라고 내가 응답했다. 이어서 그들은 나에게 이런 이야기를 들려주었다. 그 주말에 그들은 비엔나에서 열린 수준 높은 대회에 참석하던 중에 하루를 자유 시간으로 받았다고 했다. 그들은 대사관 차량을 불러 부다페스트에 가서 하루 대부분을 거기서 보낸 후 복귀 여행을 시작했다. 그런데 차량이 열차 역 바깥에서 고장 나서 열차를 탈 수밖에 없었다고 했다.

"우리는 보통 열차로 여행하지 않는데 수년 만에 처음 열차를 탔습니다"라고 그들이 설명했다.

"여기서 우리는 당신을 만나 우리가 한 번도 경험한 적이 없는, 심지어 우리가 참석한 세계의 대표적인 대학교들에서도 그런 적이 없는 그런 대화를 나누게 되었습니다. 이 만남을 당신은 어떻게 설명하겠습니까?"

"아주 간단합니다. 나는 하나님의 인도라는 것이 있다고 생각하고, 이것이 그런 실례이지요." 나의 대답이었다.

내가 이 이야기를 들려주는 것은 전통적인 종교관과 기독교 메시지의 차이점을 보여주려는 것만이 아니다. 또 다른 중요한 점이 있다. 하나님은 단지 학문적인, 철학적인 방식으로 '존재하는' 분이 아니다. 그분은 이 세계에 살아계시며 우리의 삶 속에서 활동하시고 우리에게 손을 뻗치시고, 창조세계를 통해 그리고 궁극적으로는 그의 아들 예수 그리스도를 통해 우리에게 말씀하시는 분이다. 나는 살면서 너무도 많은 '우연'을 경험해서 도무지 맹목적인 운으로 돌릴 수가 없다. 이 만남은 그 중에 하나일 뿐이다.

그리고 친애하는 독자여, 당신은 현재 이 책을 읽고 있소. 친구가 당신에게 선물로 주었든지 당신이 어쩌다가 손에 넣었을 것이오. 당신에게 하나님에 대한 의문이 있거나 단순한 지적인 호기심이 있을지 모르겠소. 아마 어떤 이유가 있어서 이 책을 읽게 되었을 것이오. 어쩌면 우주의 하나님의 섭리로 이 책이 당신의 손에 들어가서 그분께 손을 뻗치게 하려는 것인지도 모르오.

어쩌면 많은 이들처럼 당신도 하나님에 대해, 그리고 우리가 하나님과 관계를 맺는 법에 대해 그릇된 견해를 갖고 있을지도 모르겠소. 그렇다면 이 책을 통해 그 사실에 눈을 뜨게 되길 바라오. 충분히 생각할 만한 주제라오.

우리가 하나님과 관계를 맺으려면

나는 열차 바닥에 그렸던 그 그림[79]을 자주 사용했고, 때

---

79. 이 그림의 초판은 나의 오랜 친구요 멘토요 동료인 데이비드 구딩 교수에게서 얻은 것이다.

로는 또 다른 이야기를 덧붙여서 그 메시지를 강화하곤 한다. 내가 어느 소녀를 만나 사랑에 빠지는 바람에 그녀에게 청혼을 하기로 결심한다고 상상해보라. 나는 그녀에게 다가가서 선물 꾸러미를 준다. 그녀는 그게 무엇인지 묻고, 나는 그것을 열어보면 설명하겠다고 말한다. 그녀는 그것이 대중적인 요리책이란 것을 알게 된다. 그녀는 감사를 표명하고, 그 책은 훌륭한 요리법에 대한 규칙과 지침으로 가득 차 있다고 내가 그녀에게 말한다. 나는 그녀를 정말 좋아하고 내 아내가 되길 바란다. 그래서 만일 그녀가 그 규칙들과 지침들을 잘 지키고 앞으로 사십 년 동안 나를 위해 높은 수준의 요리를 해준다면, 내가 그녀를 용납하는 것에 대해 생각해보겠다고 말한다. 그렇지 않다면, 그녀가 그녀의 어머니에게 돌아가도 좋다고!

이것은 물론 웃기는 시나리오다. 만일 그녀가 그 책을 내게 집어던지고 다시는 내게 말하지 않는다면, 나는 마땅히 받을 것보다 훨씬 적은 푸대접을 받게 되는 셈이다. 왜 그런가? 나의 청혼이 그녀를 지극히 비인격적으로 모욕하는 것이기 때문이다. 내가 그녀를 용납하기 전에 그녀가 부엌에서 수행하는 일을 오랫동안 지켜보겠다고 말했으니 ⋯.

우리는 누군가를 그렇게 대우하는 것을 상상도 하지 않을 것이다. 관계란 것은 그렇게 형성되지 않기 때문이다. 그런데 놀라운 점은 많은 사람이 하나님을 향해 이런 태도를 취한다는 것이다. 그들은 언젠가 하나님의 용납을 얻을 것을 기대하며 공로를 쌓으려고 노력한다. 이 방법은 우리의 동류인 남자와 여자에게도 통하지 않는다는 것을 누구나 알 수 있다. 우리는 하나님의 형상을 따라 빚어진 만큼 하나님에게도 통하지 않을 것이다. 그리고 우리가 이 점을 보지 못하는 것은 우리의 교만 때문이다. 자신의 구원을 얻기 위해 하나님을 위해 일할 준비는 되어 있어도 그분을 신뢰할 준비가 되어 있지 않은 사람이 얼마나 많은지 모른다.

기독교가 말하는 '구원'의 뜻을 다시금 강조할 필요가 있다. 그것은 스스로를 도울 수 없는 이들을 구출하기 위해 하나님 편에서 행한 행동이다. 그 중심에는 하나님의 은혜라는 장엄한 교리가 있다. 만일 원하기만 하면 누구나 용서를 받고 새로운 삶을 발견하고 하나님과 친구가 될 수 있다는 메시지다. 그 사람이 누구이든지, 무슨 일을 했든지 상관없이.

이는 내가 그림에서 언급한 기독교 메시지의 또 다른 본
질적인 요소, 곧 예수가 최후의 심판관이 될 것이란 진리로
연결된다.

그리스도는 이 땅에서 사는 동안 친히 그런 역할을 주장
했고 그 심판이 어떻게 진행될지에 대해 이렇게 말했다.

하나님이 그 아들을 세상에 보내신 것은 세상을 심판하려 하심
이 아니요 그로 말미암아 세상이 구원을 받게 하려 하심이라.
그를 믿는 자는 심판을 받지 아니하는 것이요 믿지 아니하는
자는 하나님의 독생자의 이름을 믿지 아니하므로 벌써 심판을
받은 것이니라. (요한복음 3:17-18)

자기의 공로로 하나님의 용납을 얻을 수 있다고 생각하
는 이들은 하나님의 심판에 비춰 그들이 어떤 입장에 있는
지 모르고 있다. 우리 모두는 하나님의 표준은 고사하고 우
리 자신의 표준에도 못 미친다는 것, 때로는 훨씬 못 미친다
는 것을 알고 있다. 우리가 하나님의 법을 진지하게 여기면

여길수록 우리가 얼마나 죄 많은 존재인지를 더 많이 알게 된다. 그런데 많은 사람은 심판의 자리에 가면 하나님이 그의 표준을 너무 진지하게 여기지 않고 느긋한 자세로 우리의 악행을 간과한 채 우리를 용납하실 것으로 기대한다. 이는 하나님의 거룩하심이 타협될 수 없고 또 타협되지 않을 것임을 보지 못하는 것이다. 그분의 표준은 완전함이고, 따라서 "누구든지 온 율법을 지키다가 그 하나를 범하면 모두 범한 자가 된다"(야고보 2:10). 이를 공평하지 않다고 말하는 것은 마치 배를 그 닻에 연결하는 체인의 한 고리만 부서져도 배가 표류하다가 실종되는 것을 공평하지 않다고 말하는 것과 같다. 이런 이치는 관계의 속성 안에 들어있는 것이다.

심판을 피하는 유일한 길은, 그리스도께서 사랑으로 우리에게 말씀하듯이, 공로로 용납을 얻으려는 노력을 그만두고 구원을 위해 예수를 신뢰하는 것이다. 다음 사항을 다시금 반복하고 싶다. 하나님의 용납을 받는 것은 인간적으로 도달할 수 없는 완전한 표준에 이르는데 달려있지 않다는 것이다. 좋은 소식은, 하나님이 우리를 용납하는데 필요한 그 구원은 신약성경이 거듭 말하듯이 하나님의 은혜에 의해 선물로 주어진다는 것이다. "너희는 그 은혜에 의하여 믿음으로 말미암아 구원을 받았으니 이것은 너희에게서 난 것이 아니요 하나님의 선물이라, 행위에서 난 것이 아니니 이는 누구든지 자랑하지 못하게 함이라"(에베소서 2:8-9).

하지만 모든 선물이 그렇듯이, 이것도 우리가 받아야 한다. 자동으로 이뤄지지 않는다는 말이다. 우리가 회개하고 우리의 의지를 발동해서 하나님을 신뢰해야 한다는 뜻이다. 여기에 중요한 논리가 있다. 하나님에 대한 최초의 인간 반역이 믿음의 부족과 독립성의 확보를 포함했던 만큼 되돌아가는 길은 그런 태도를 회개하고 하나님을 믿고 그분께 의존하는 법을 배우는 일을 포함할 수밖에 없다. 그 내용을 정리하면 다음과 같다.

1. 회개 우리가 하나님께 죄를 지은 죄인임을 깨닫고 마음과 생각을 바꾸는 것, 우리를 손상시킨 우리의 죄에 대한 하나님의 판결에 동의하는 것, 우리의 죄로부터 돌이키는 것, 그리고 우리가 받아야 마땅한 심판을 예수께서 대신 받으셨다고 깨닫는 것이다.

2. 믿음 그리스도를 영접하기로 다짐하고 우리 스스로 얼

거나 제공할 수 없는 구원의 선물을 받아들이는 것이다.

어떤 이들은 이것이 진리일 수 없다고 반박한다. 왜냐하면 구원이 만일 우리의 공로에 달려있지 않다면 우리는 우리 마음대로 즐겁게 살아도 하나님이 우리를 용납하실 것이기 때문이라고 한다. 그렇지 않다. 그런 태도를 취하는 사람은 본인이 회개의 뜻을 이해하지 못했음을 보여준다. 계속 죄를 범하려는 마음을 품은 사람에게는 구원이 없다.

그리스도와의 관계는 결혼 관계와 똑같다. 앞서 말했듯이, 용납은 관계가 시작되는 시점에 일어난다는 뜻이다. 우리가 회개하고 그리스도를 믿는 순간 우리는 용납을 받는다. 이후 우리는 그분을 기쁘게 하기 위해 살게 되는데, 이는 용납을 얻기 위해서가 아니라 이미 용납을 받았기 때문이다. 이와 달리 행하는 것은 우리가 구원의 진정한 뜻을 이해하지 못했다는 반증이다.

그날 그 열차에서 나의 대화 상대자가 "그 모든 것이 예수 그리스도가 누군지에 달려있군요"라고 말했는데, 이는 기독교의 핵심이 예수 그리스도란 인물임을 제대로 파악한 진술이다. 기독교의 메시지는 예수가 스스로 주장한 인물 –

성육한 하나님이자 구원자 – 일 경우에만 이해가 가능하다. 그것은 엄청난 주장이고, 이 때문에 우리는 다양한 출처로부터 그 주장의 진리성을 뒷받침하는 증거를 제시했던 것이다.

이번 장은 앞서 다룬 과학적 고려사항에서 멀어진 것처럼 보일지 모르겠다. 어느 의미에서는 그랬다. 하지만 꼭 그런 것만은 아니다. 첫째, 우리가 모든 과학이 그러듯이 합리적 탐구의 방법으로 논의를 진행했기 때문이다. 둘째, 이제 우리는 매우 과학적인 개념인 검증가능성(testability)을 기독교에 적용하면 어떻게 되는지 볼 입장에 있기 때문이다.

이제는 우리 탐구 여정의 마지막 단계만 남았다.

실험실에 들어가서 :
기독교가 과연 진리인지 검증하다

|

10장

과학에서 새로운 아이디어, 가설, 이론을 시험하는 일은 매우 중요한 역할을 수행한다. 예컨대, 우주공학 엔지니어는 새로운 항공기를 설계할 때 원형을 만들어 철저히 시험하고 검사하고 또 시험해서 수백 명의 승객을 안전하게 나를 수 있는지 확실히 한다.

이에 비춰, 나는 어떻게 과학자가 크리스천일 수 있는가 하는 질문을 종종 받는다. 과학의 모든 것은 시험이 가능하지만 기독교는 어느 부분도 그럴 수 없지 않느냐고 하면서.

|

이런 진술은 과학과 크리스천의 믿음 둘 다에 대한 근본적인 오해에서 비롯된다. 첫째, 우리는 중요한 과학 이론의 일부가 아직 시험되지 않았다는 사실을 기억해야 한다. 이를테면, 블랙홀이 빛을 발산한다는 고(故) 스티븐 호킹의 예측이다. 그의 예측을 확증하는 시험을 고안하는 사람은 노벨상을 받을 것이라는 게 일반적인 여론이다.

둘째, 기독교는 시험이 가능하다. 우리는 이미 사실적 차원에서 상당한 시험을 했다. 기독교 메시지가 무신론적 세계관에 맞설 수 있는 방법에 관해 생각했고, 성경 문헌의 신빙성에 대해 논의했으며, 부활의 증거를 정밀히 조사하기도 했다.

기독교는 또한 개인적 차원에서도 얼마든지 시험할 수 있다. 그렇지 않다면 나부터도 기독교에 관심이 없을 것이다. 그러면 어떻게 시험할 수 있을까? 예수가 자기 죄를 회개하고 그분을 믿어 구원을 받으려는 이들에게 약속한 것을 생각해보라. 하나님과의 평화, 죄 사함, 새로운 능력과 열망과 기회를 수반하는 새로운 삶, 하나님과의 새로운 교제와 친구관계, 기독교 공동체에 대한 깊은 사랑, 새로운 섬김의 길, 인간 번영의 잠재력, 인생의 고통과 고난에 대처하는 자원 등 이 모든 것이 삶을 온통 새로운 의미로 채색한다.

이를 시험하는 일은 어렵지 않다.

첫째, 당신은 신약성경을 읽고 예수와 사도들이 전한 메시지가 그들과 관계를 맺은 이들에게 어떤 영향을 미쳤는지 살펴볼 수 있다. 사랑받지 못한 이들에게 사랑을 가져가고, 정신적으로 불안정한 이들에게 온전한 정신을 회복시켜주고, 병자들에게 건강을 선사하고, 절망한 자들에게 새로운 희망을 주고, 잃어버려진 자들에게 구원을 제공하지 않았던가.

그리고 당시에 발생했던 일이 지금도 일어나고 있다.

어느 학생의 외침

예전에 나는 한 미국 대학교에서 기독교의 신빙성에 관해 강연한 적이 있다. 강의가 끝난 직후 발코니에서 어느 중국인 학생이 일어서더니 "나를 보십시오!"하고 크게 외치는 것이었다. 깜짝 놀라서 우리 모두 쳐다보았다. 나는 그를 향해 "왜 우리가 당신을 봐야 하지요?"하고 물었다. 그는 이런식으로 대답했다. "육 개월 전 나의 삶은 엉망진창이었습니다. 평안이 없었고 출구도 보이지 않았지요. 당신이 다른 대학교에서 행한 강연에 갔는데, 당신이 말한 무언가가 내 속에서 반응을 불러일으켰지요. 몇 주 후 나는 내 인생을 그리스도께 드렸습니다. 지금 나의 모습을 보십시오!" 그는 우리모두 볼 수 있는 기쁨을 발산하고 있었다. 그는 기독교를 시험해보고 그것이 진리임을 발견한 것이다.

이런 이야기는 온갖 사람들의 삶에서 거듭거듭 반복될수 있다. 약물 중독자와 전무이사, 배관공과 경찰, 과학자,학생, 그리고 거리 청소부 등의 삶에서. 그리고 과학적 조사의 정신으로 살펴보면 각 사례는 기독교가 진리라는 증거를더해준다.

흔히 이런 식으로 일어난다. 우리는 누군가를 만나고 상대방은 우리에게 자신의 문제 – 관계, 돈, 알코올과 약물, 스트레스, 우울증 등 수많은 것들 – 에 관해 얘기한다. 시간이조금 흐른 후에 어쩌다 그 사람을 다시 만나 완전히 변한모습을 보게 된다. 부부관계가 회복되고, 알코올과 약물 대신에 음식을 제대로 먹고, 그들의 성질이 좋아지고, 평안과삶의 의미를 발견한 모습이다. 우리는 무슨 일이 일어났는지 물어본다. 대답은 다양한 형태를 띤다.

"나는 그리스도를 만났어요."

"나는 출구가 없음을 알았고 누군가 나에게 기독교 메시지를 설명해서 나는 나쁜 길에서 돌이켜 그리스도를 믿게 되었지요."

"나는 신약성경을 읽고 그것이 진리임을 확신해서 그리스도를 의지하게 되었어요."

"나는 크리스천이 되었답니다."

이런 사건이 거듭 일어나는 것을 보면 둘에 둘을 더해 넷을 만드는 일이 어렵지 않다. 경험의 차원에서 보면, 구원을 받기 위해 그리스도께 의지하는 사람들의 삶에 그분의 능력을 보여주는 증거가 압도적으로 많기 때문이다.

회의주의를 넘어서

'회의론자(sceptic)'의 어원은 그리스어 skeptein으로서 '거리를 둔 채 조사한다'는 뜻이다. 물론 속는 것을 피하려면 그렇게 하는 것이 필요하다. 그래서 우리는 이 책에서 여러 사안들 – 이유, 논증, 아이디어, 증거 등 – 을 조사하는데 많은 시간을 보낸 것이다. 그러나 우리가 최대한 많은 것을 조사한 후 진보를 이루기 위해 우리의 거리를 포기해야 할 때가 온다.

당신이 계속 어느 정도의 거리를 두면 나를 결코 알 수 없을 것이다. 당신이 나를 알고 싶으면, 당신의 거리를 포기하는 단계를 밟고 나와 대화를 나눠야 할 것이다. 그런 만남이 없이는 관계가 무엇인지도 알 수 없다. 하나님과의 관계도 마찬가지다. 우리는 거리를 둔 채 여러 사안을 조사할 수 있고 또 그래야 하지만, 이는 첫 걸음에 불과하다. 기독교가 진리라는 마지막 증거를 얻으려면 우리가 그 거리를 포기하고 회개한 후 그리스도를 믿어야 한다.

나는 그 발걸음을 육십 년 전에 밟았고 그리스도의 약속들이 내 인생의 모든 길에서 진실임이 입증되었다. 나의 가정에서, 나의 일터에서, 넓은 공동체를 위해 기독교 메시지를 설명하는 일에서. 그런데 내 경험이 당신의 것이 될 수는 없다. 당신이 몸소 이런 변화를 경험해야 한다.[80]

---

80. 그리스도를 믿게 된 많은 남녀의 이야기를 들려주는 다음 책을 추천하고 싶다. *City Lives: Real Stories of Changed Lives from the Workplace* by Marcus Nodder(10 Publishing, 2018).

궁극적 실험

과학은 과연 모든 것을 설명할 수 있는가? 그럴 수 없다는 것이 명명백백하다고 나는 생각한다.

과학과 기독교는 어울릴 수 있는가? 그렇다. 아주 잘 어울린다는 점을 내가 보여주었기를 바란다. 하지만 우리가 잊지 말아야 할 사실은 과학이 찬란한 분야임에도 우리 주변의 세계를 조사하는 일에 불과하다는 점이다. 그리스도야말로 우리 세계와 우리 자신을 존재케 하신 분이다. 이것이 얼마나 큰 진리인지는 도무지 가늠하기 어렵다. 사도 바울은 이렇게 말한다.

그 아들은 보이지 않는 하나님의 형상이시요, 모든 피조물보다 먼저 나신 분이십니다. 만물이 그분 안에서 창조되었습니다. 하늘에 있는 것들과 땅에 있는 것들, 보이는 것들과 보이지 않는 것들, 왕권이나 주권이나 권력이나 권세나 할 것 없이, 모든 것이 그분으로 말미암아 창조되었고, 그분을 위하여 창조되었습니다. 그분은 만물보다 먼저 계시고, 만물은 그분 안에서 존속합니다. 그분은 교회라는 몸의 머리이십니다. 그는 근원이시며,

죽은 사람들 가운데서 제일 먼저 살아나신 분이십니다. 이는 그분이 만물 가운데서 으뜸이 되시기 위함입니다. 하나님께서는 그분의 안에 모든 충만함을 머무르게 하시기를 기뻐하시고, 그분의 십자가의 피로 평화를 이루셔서, 그분으로 말미암아 만물을, 곧 땅에 있는 것들이나 하늘에 있는 것들이나 다, 자기와 기꺼이 화해시켰습니다. (골로새서 1:15-20, 새번역)

그리스도를 알지 못하는 것은 곧 삶의 궁극적 목적과 기쁨을 놓치는 것이다. 그러나 그분은 당신에게 이런 메시지를 전한다. 그분이 이루신 일 때문에 당신은 아무 것도 놓칠 필요가 없다고.

존 레녹스의 저서들

- 『신을 죽이려는 사람들: 과학은 신을 매장했는가?』(두란노, 2017). 『만들어진 신』에 나오는 리처드 도킨스의 주장들에 대해 상세히 다룬 책.
- 『최초의 7일: 창세기와 과학에 따른 세상의 기원』(새물결플러스, 2015). 창세기의 앞부분이 우주와 지구와 인류의 기원에 대한 증거와 어떤 관계가 있는지를 다룬 책.
- 『빅뱅인가 창조인가: 우주탄생의 비밀』(프리윌, 2013). 우주론적 기원에 관한 스티븐 호킹의 견해를 비판한 책.
- 『현대 무신론자들의 헛발질』(새물결플러스, 2020). 대표적인 무신론자들이 개진한 주장들을 살펴보고 논박한 책.

참고서적

- 리처드 도킨스, 『만들어진 신』(김영사, 2007). 무신론을 옹호하는 도킨스 논증으로서 오류가 많다.
- 크리스토퍼 히친스, 『신은 위대하지 않다』(알마, 2011). 나는 크리스토퍼 히친스와 공개 논쟁을 두 번 벌였고, 그의 관점에 완전히 동의하지 않지만, 그는 무척 사려 깊은 사상가이다.
- Ronald L. Numbers, *Galileo Goes to Jail and Other Myths about Science and Religion* (Harvard University Press, 2010). 과학과 종교가 서로 전쟁 중이란 흔한 오해를 부추기는 진부한 신화를 내쫓기 위해 대표적인 무신론자와 불가지론자와 기독교인 학자들이 다함께 모여 토론한 내용.
- Peter Harrison, *The Territories of Science and Religion* (University of Chicago Press, 2015). 과학과 종교의 범주들, 그리고 양자에 대한 우리의 오해에

대해 재평가한 훌륭한 책

- C.S.루이스, 『순전한 기독교』(홍성사, 2013). 수십 년 간 수많은 사람을 신앙의 길로 인도했고 여전히 강력한 영향력을 미치고 있는 책.

- Marcus Nodder, *City Lives: True Stories of Changed Lives from the Workplace* (10 Publishing, 2018). 하나님에 대한 신앙은 약자나 지적으로 열등한 사람을 위한 것이라는 관념을 내쫓는 책. 그리스도를 믿게 된 온갖 사람들의 이야기를 담고 있다.

- 『성경』. 얼마나 많은 사람들이 예수의 전기들 – 마태복음, 마가복음, 누가복음, 요한복음 – 중 한 권도 읽은 적이 없는지를 생각하면 놀랍기 짝이 없다. 아직도 안 읽어본 사람들에게 제발 이 증인들의 이야기를 읽고 예수의 가르침에 대해 생각해보라고 권하고 싶다. 결코 후회하지 않을 것이다.

- 리 스트로벨, 『예수는 역사다』(두란노, 2002). 스트로벨은 무신론자 시절에 모든 분야의 전문가들과 인터뷰를 하면서 그의 탐구 작업을 시작했다.

감사의 글

먼저 이 책을 쓰도록 격려해준 The Good Book Company의 Tim Thornborough에게 진심으로 감사드린다. 내가 이 책의 윤곽을 잡느라고 끙끙거릴 때 그는 내 곁에 서서 격려하며 많은 통찰들을 제공해주었다.

과학은 모든 것을 설명할 수 있을까?

초판 1쇄 발행 2020년 3월 31일
초판 3쇄 발행 2024년 5월 8일

지은이 존 레녹스
옮긴이 홍병룡
펴낸이 정선숙

펴낸곳 협동조합 아바서원
등록 제 274251-0007344
주소 경기도 고양시 덕양구 삼원로51 원흥줌하이필드 606호
전화 02-388-7944 **팩스** 02-389-7944
이메일 abbabooks@hanmail.net

ISBN 979-11-90376-11-2(03230)

잘못 만들어진 책은 구입한 곳에서 교환해 드립니다.